LA HISTORIA FAMILIAR

UN HOMENAJE A LA FAMILIA FAVORITA DE LA TELEVISIÓN

MATT GROENING

TRADUCCIÓN DE JULIA OSUNA AGUILAR

Agradecimientos

Este libro no habría sido posible sin la colaboración de muchos talentosos escritores, artistas y actores que han prestado sus prodigiosas habilidades a Los Simpson y dado forma a uno de los programas de televisión más exitosos y queridos de la historia.

Título original en inglés: **THE SIMPSONS FAMILY HISTORY**

Primera publicación en lengua inglesa en 2014 por
Harry N. Abrams, Incorporated, New York

Letra: Nathan Kane
Diseño del libro y composición: Serban Critescu
Redacción: Terry Delegeane
Producción: Christopher Ungar
Asistente de producción: Art Villanueva, Pete Benson
Arte: Chia-Hsien Jason Ho, Mike Rote
Documentación: Karen Bates, Max Davison, Nathan Hamill, Ruth Waytz, Robert Zaugh

Especial agradecimiento a Susan A. Grode, Mili Smythe, Bill Morrison,
Deanna MacLellan, Ursula Wendel, Vyolet N. Diaz

Primera edición: noviembre de 2015

Documentación de citas: Daniel Rissech Roig

Av. Marquès de l'Argentera 17, pral.
08003 Barcelona
info@rocaeditorial.com
www.rocaeditorial.com

Impreso por: Egedsa
ISBN: 978-84-16306-45-9
Depósito legal: B-24051-2015
Código IBIC: WHG
Código del producto: RE06459

LA HISTORIA FAMILIAR

UN HOMENAJE A LA FAMILIA FAVORITA DE LA TELEVISIÓN

MATT GROENING

TRADUCCIÓN DE JULIA OSUNA AGUILAR

AREA 51

Los Simpson son mi familia.

Llevo garabateando deformes personajes animados de ojos saltones y mandíbula prominente desde sexto curso. No sé cómo pero en algún momento me hice adulto y me vi en un bungaló al más puro estilo Hollywood en los estudios de la Twentieth Century Fox de Los Ángeles, donde fui a venderles la moto para que contrataran a esta familia esbozada a la ligera (con nombres prestados de la mía de carne y hueso) para una serie de cortos animados. De eso hace ya casi treinta años.

Lo que ocurrió luego es un torbellino de unos cincuenta y tantos cortos animados, más de 550 capítulos en 26 temporadas (y las que quedan), una película, una docena de videojuegos, un par de marcas de cereales, y un fenómeno que se ha extendido por el mundo bajo todo tipo de formas, desde DVD piratas a piñatas de imitación.

Millones (¿miles de millones?) de personas han visto crecer a los Simpson a lo largo de un cuarto de siglo. Y con crecer me refiero a quedarse prácticamente iguales. Por supuesto, Homer y Marge nunca envejecen, Lisa y Bart están condenados de por vida a segundo y cuarto curso respectivamente, y a Maggie nunca se le quedará pequeño ese pelele azul ni se desprenderá de su manido chupete. Pero eso no significa que la interminable saga de los Simpson no tuviera un principio: Homer y Marge vivieron su primer encuentro fortuito, su primera cita, su primer beso y su primera (de muchas) bodas. Bart hizo su primera trastada, provocó su primer escándalo internacional y recibió su primera (de muchas) palizas. Lisa tocó su primer solo de saxofón, participó en su primera protesta y vivió su primera (de muchas) decepciones. Y Maggie dijo su primera palabra (aunque en la intimidad).

Esa es la historia de mi familia, y me atrevería a decir que también de la vuestra. Mientras la historia de los Simpson iba avanzando, en paralelo a vuestras vidas, habéis estado ahí. O tal vez hayáis nacido después del principio de los Simpson, en cuyo caso tenéis mucho con lo que poneros al día.

Pongámonos ya en marcha con las crónicas cronológicas sin adornar, cortar ni purgar, sin trampa ni cartón, de Nuestra Familia Favorita.

Vuestro colega (y tío raro honorario)

MATT GROENING

SURGIDA DE PRINCIPIOS ADVERSOS, LA FAMILIA SIMPSON TIENE UNA HISTORIA TAN LARGA COMO VARIOPINTA. LA ÚNICA CONSTANTE ENTRE SUS MIEMBROS PARECE SER LA CARENCIA GENERALIZADA DE REFINAMIENTO, ASÍ COMO CUALIDADES PERSONALES CUESTIONABLES. O LO QUE ES LO MISMO...

«¡TODOS SON HORRIBLES!»

– LISA SIMPSON

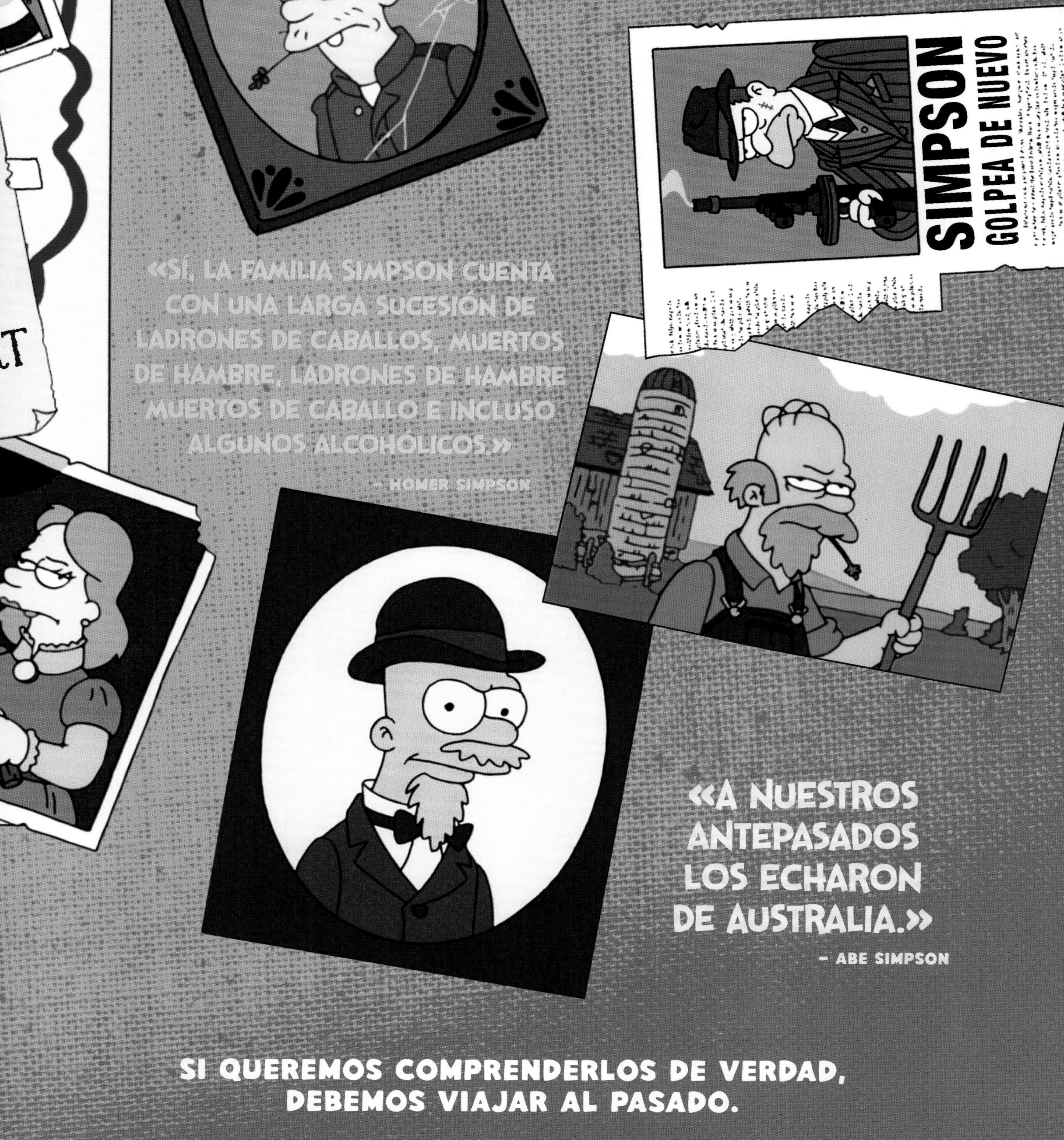
SIMPSON
GOLPEA DE NUEVO

«Sí, la familia Simpson cuenta con una larga sucesión de ladrones de caballos, muertos de hambre, ladrones de hambre muertos de caballo e incluso algunos alcohólicos.»

– HOMER SIMPSON

«A NUESTROS ANTEPASADOS LOS ECHARON DE AUSTRALIA.»

– ABE SIMPSON

SI QUEREMOS COMPRENDERLOS DE VERDAD, DEBEMOS VIAJAR AL PASADO.

AL PRINCIPIO...

UN MIASMA PROTEICO SURGE DE LOS BORDES DE LA EXISTENCIA.

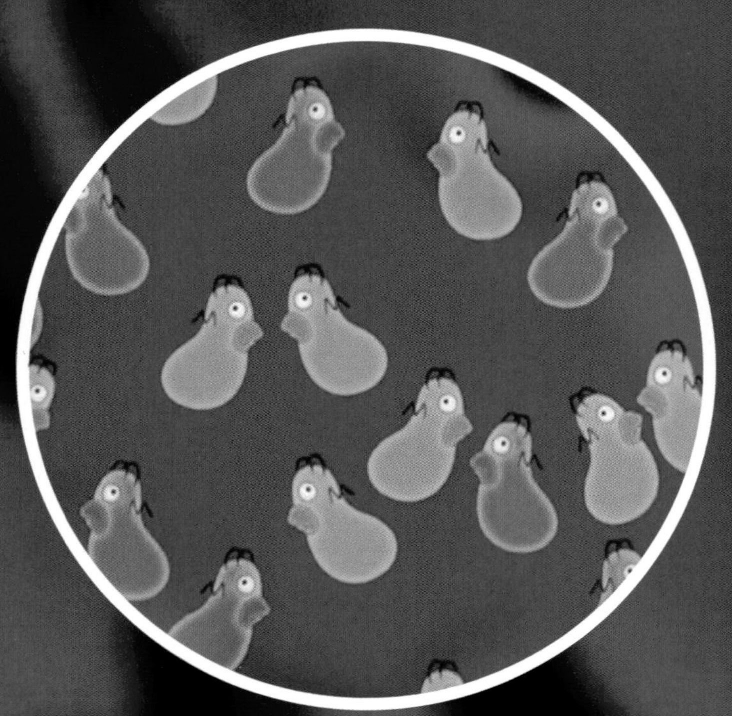

LOS BLOQUES DEL JUEGO DE LA CONSTRUCCIÓN EMBRIONARIA SE MEZCLAN Y SE REPRODUCEN EN LA OSCURIDAD.

LOS ORGANISMOS UNICELULARES DEJAN PASO A INVERTEBRADOS ELEMENTALES.
QUE, A SU VEZ, SE CONVIERTEN EN FORMAS DE VIDA ACUÁTICAS.
DEJANDO ATRÁS LAS PROFUNDIDADES, LA VIDA DA SUS PRIMEROS PASOS, VALIENTES PERO INCIERTOS HACIA...

¡UN MUNDO NUEVO!

UN ENTORNO CRUEL DOMINADO POR ENGENDROS COLOSALES,

DONDE BICHOS INMENSOS LUCHAN POR LA SUPREMACÍA...

EL DÉBIL SE CONVIERTE EN PASTO PARA EL FUER

PERO NADA SOB
AL AGUERRIDO C
QUE CAE DE LOS
Y AMENAZA

DESPACHO DE
MATT GROENI

CHICOS, LAS PÁGINAS NO S
¿DE VERDAD TENEM
EMPEZAR DESDE L
DE LOS TIEMPOS? AL
UN POCO, POR FA

¡G

67 MILLONES

AÑOS DESPUÉS...

UNA PICA EN AMÉRICA

ORVILLE SIMPSON, SU BENJAMÍN ABE Y EL RESTO DE LA FAMILIA SIMPSON DEJAN LA PATRIA Y ZARPAN RUMBO A AMÉRICA.

«MI PADRE HABLABA Y HABLABA UNA Y OTRA VEZ DE AMÉRICA. PENSABA QUE ERA LO MEJOR DESDE EL PAN DE MOLDE. EL PAN DE MOLDE HABÍA SIDO INVENTADO EL INVIERNO ANTERIOR.»

– ABE

AL LLEGAR ANTE LA ESTATUA DE LA LIBERTAD, PADRE E HIJO COMPARTEN UN MOMENTO EMOTIVO.

«AHÍ ESTÁ NUESTRO NUEVO HOGAR.»

VIVEN ALLÍ VARIOS MESES, HASTA QUE SE VEN OBLIGADOS A MUDARSE CUANDO LA CABEZA SE LLENA DE BASURA.

TWENTIETH-CENTURY FOLK

ABE SIMPSON LLEVA UNA VIDA VARIOPINTA EN SU PAÍS ADOPTIVO, DESDE SUS HUMILDES INICIOS COMO LIMPIABOTAS HASTA SU INFAME PASO COMO DEPORTISTA PROFESIONAL EN LA LIGA FEMENINA DE BÉISBOL.

«FUI EXTERIOR CENTRAL CON LAS FULANAS DE SPRINGFIELD. NO PAGABAN MUCHO, PERO AL MENOS ME LIBRÉ DE LA GUERRA DURANTE UN AÑO.»

– ABE

«¡OH, MARY ROSE ES UN HOMBRE! ¡COGEDLE, PODRÍA HACER PELIGRAR MI RÉCORD DE TRIPLES!»

EL PAÍS ENTRA EN LA SEGUNDA GUERRA MUNDIAL Y ABE LIDERA UN PELOTÓN DE COMBATE, «EL PEZ VOLADOR». TIEMPO DESPUÉS SE DEDICA A LA LUCHA PROFESIONAL: «GODFREY, EL SEDUCTOR».

«PUES SÍ. TAL VEZ SEA EL ABRAHAM MÁS FAMOSO DE LA HISTORIA.»

PERO HAGA LO QUE HAGA ABE,
NADA SUPERARÁ UN ACONTECIMIENTO DE SU VIDA...

La boda de Abraham Simpson y Mona Olsen

Y ES QUE LA UNIÓN DE ABE Y MONA DARÁ COMO FRUTO UNO DE LOS HECHOS MÁS TRASCENDENTALES DE LA ERA MODERNA...

El nacimiento de Homer Simpson

PORQUE HOMER NO SE CONSTRUYÓ EN UN DÍA...

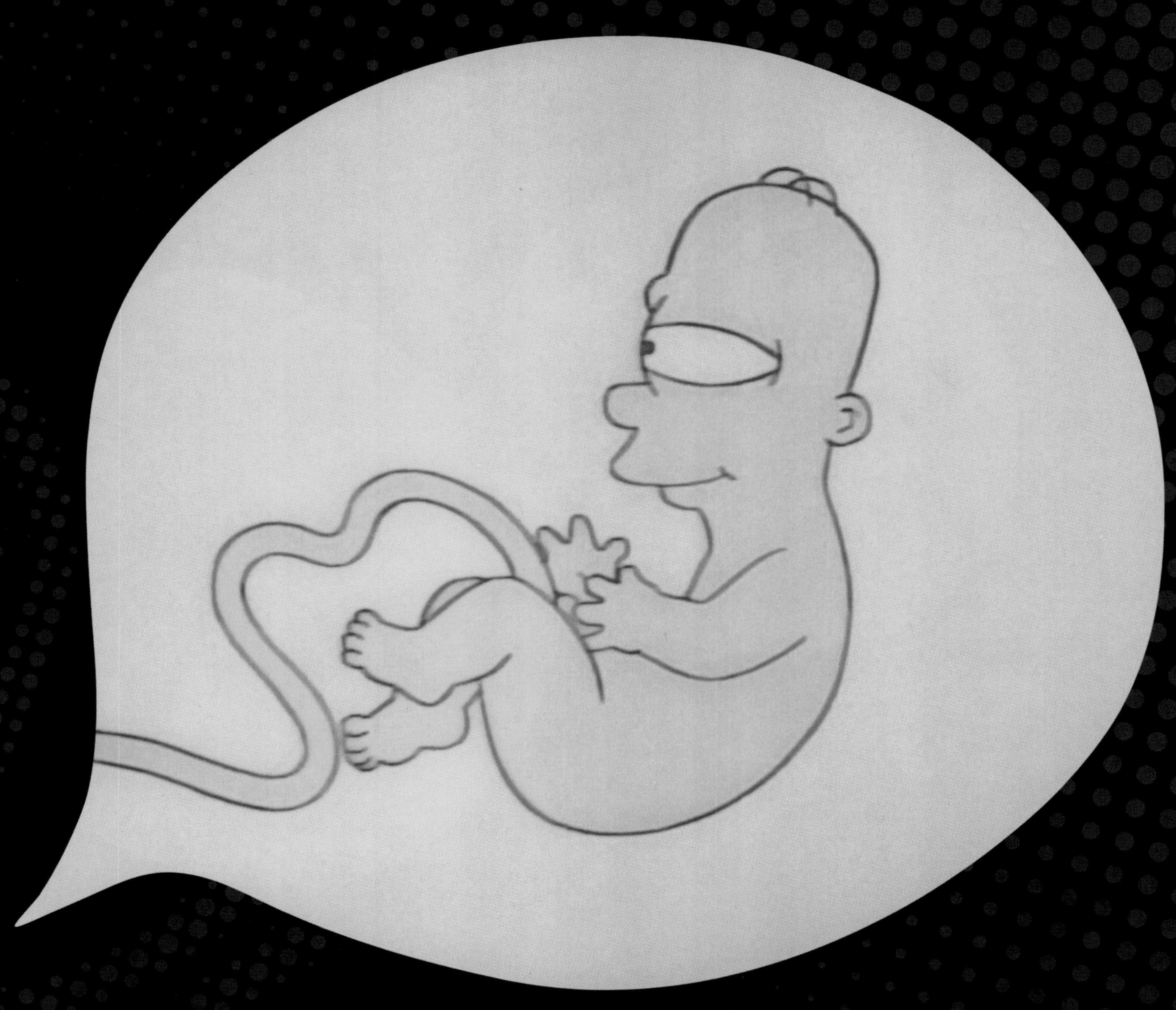

«¡VAMOS, MARGE! ¡SOMOS UN EQUIPO!
NOS ALQUILAMOS NOSOTROS, NO SOLO TE ALQUILAS TÚ.»

– HOMER

QUÉ ASCO

EL MILAGRO DE LA VIDA

EXTIRPADO DE SU
UNIVERSO SEGURO Y PLÁCIDO,
A REGAÑADIENTES, HOMER
ATERRIZA EN LA CRUDA REALIDAD
DE LA VIDA EN ESTE MUNDO...

¡ES NIÑO!

...AUNQUE LA VIDA EN ESTE MUNDO NO ESTÁ TAN MAL.

¡SIEMPRE HABRÁ PIZZA!

Springfield Shopper

DAILY NEWS

5¢

«NACE BEBÉ ANORMALMENTE GRANDE Y FEO.»

EJEMPLAR DEL *SPRINGFIELD SHOPPER* DEL DÍA DESPUÉS DE NACER HOMER. ES CURIOSO PERO ESE DÍA SE LES OLVIDÓ PONER LA FECHA.

BEBÉ A BORDO

HOMER TIENE PROBLEMAS PARA ADAPTARSE A SU NUEVO ENTORNO, Y NI MONA NI ABE SABEN CÓMO CALMAR AL NO TAN PEQUEÑÍN DE LA CASA.

CANCANEO CANINO

CUANDO APARECE BONGO, EL PERRO DE LA FAMILIA, SABE PERFECTAMENTE QUÉ HACER.

¡MIRA TÚ!
¡LE GUSTA!

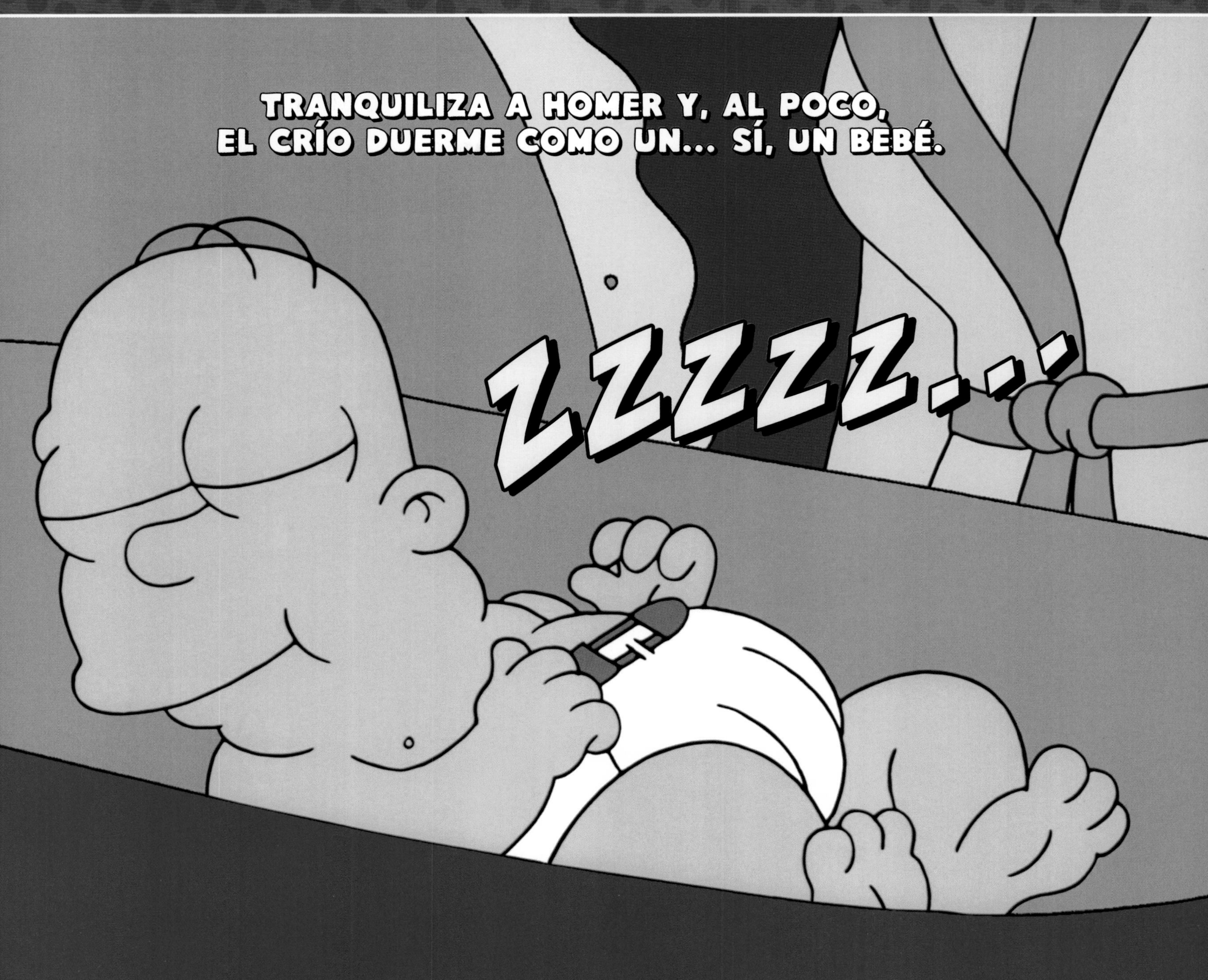

«BUENO, CARIÑO, AHORA PODREMOS VER *MANNIX* EN PAREJA.»

– ABE

LAS MAMÁS TAMBIÉN CAMBIAN

HOMER VA CRECIENDO Y MADRE E HIJO DISFRUTAN DE UNA ALEGRE RELACIÓN...

«Si lo pruebas, a ti te encantará,
porque por dentro y por fuera es igual.
Cómpralo, que a ti te va a gustar.
¡Qué rico, el pastel de higo, Nico!»

...PERO EL MATRIMONIO CON ABE NO ES LO QUE MONA HABÍA IMAGINADO.

«ESTOY VIENDO LA FINAL DEL FÚTBOL.
SI LA GENTE NO LO APOYA, ACABARÁ DESAPARECIENDO.»

CUANDO MONA VE EN LA TELE A LA SUPERESTRELLA DEL FÚTBOL, EL QUARTERBACK JOE NAMATH, TODO SU MUNDO QUEDA PATAS ARRIBA.

«MIRA QUÉ PATILLAS. ¡PARECE UNA MUJER!»

– ABE

«SU SALVAJE Y DESCUIDADO CABELLO ME DESCUBRIÓ UN MUNDO NUEVO DE REBELIÓN, DE CAMBIO. UN MUNDO CUYAS PUERTAS SE ABRÍAN A MUJERES COMO YO.»

– MONA

RADICALES LIBRES

MONA NO TARDA EN ENCONTRAR ESPÍRITUS AFINES EN LA UNIVERSIDAD. SE TOPA CON UNA MANIFESTACIÓN CONTRA EL LABORATORIO DE ARMAS BIOLÓGICAS DEL CAMPUS...

...UN LABORATORIO CUYO DUEÑO ES C. MONTGOMERY BURNS, EL HOMBRE MÁS RICO DE SPRINGFIELD.

«¿CÓMO NO HACERME RADICAL SI LUCHÁBAMOS CONTRA UN SER QUE ENCARNABA EL MAL?»

– MONA

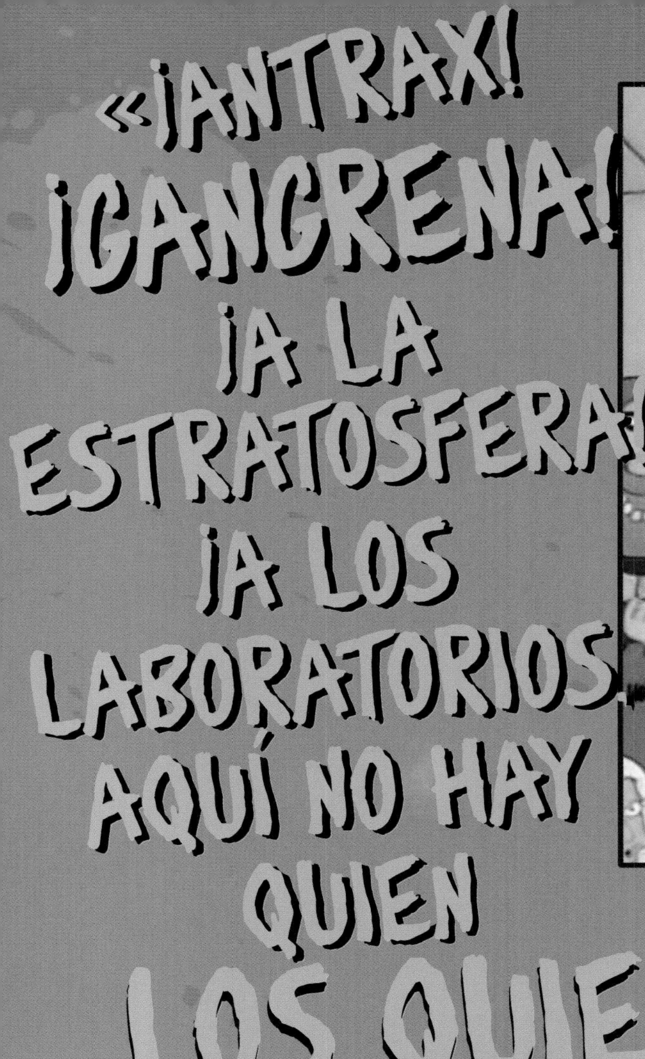
«¡ANTRAX!
¡GANGRENA!
¡A LA
ESTRATOSFERA!
¡A LOS
LABORATORIOS!
AQUÍ NO HAY
QUIEN
LOS QUIERA!»

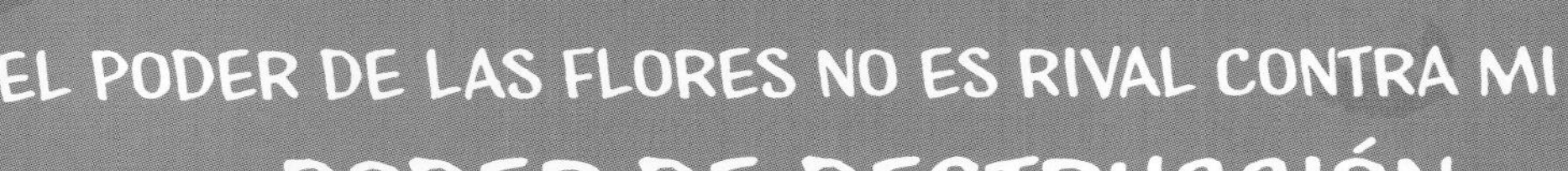
«EL PODER DE LAS FLORES NO ES RIVAL CONTRA MI
PODER DE DESTRUCCIÓN.»

LOS MANIFESTANTES HUYEN ANTE EL GESTO ADUSTO DEL VILLANO MILLONARIO.

¡AAAAAH!

MI MADRE LA ANARQUISTA

EL INTERÉS CADA VEZ MAYOR DE MONA POR EL ACTIVISMO DEJA A HOMER CADA VEZ MÁS SOLO.

«HASTA LUEGO, CIELO.
MAMÁ TIENE QUE IR A ENCADENARSE
A UN SUBMARINO NUCLEAR.
¡TE QUIERO!»

TIENE SED Y HAMBRE DE CARIÑO.

BUSCA ALGO PARA RELLENAR EL VACÍO
DEJADO POR LA MADRE AUSENTE.

Y CUANDO LO ENCUENTRA, ESTÁ PARA...

¡CHUPARSE LOS DEDOS!

DESEOSA DE COMPARTIR ESTOS NUEVOS INTERESES CON SU FAMILIA, MONA LOS LLEVA A UN FESTIVAL DE MÚSICA.

A ABE LE PARECE INTOLERABLE...

«¡BUUUH! ¡QUE SALGA SHA NA NA!»

– ABE

...PERO HOMER SE LO PASA EN GRANDE.

ABE NO TARDA EN HARTARSE Y SE LLEVA A SU HIJO A CASA.

«¡MÍRAME! ¡SOY UN HIPPIE!»

– HOMER

«VERGÜENZA DEBERÍA DARTE, HIJO. PONTE UNOS PANTALONES Y BÁJATELOS, PORQUE TE VOY A DAR UNOS AZOTES.»

ORGULLO HIPPIE

ENTRISTECIDA POR LA TESTARUDEZ DE SU MARIDO, MONA PINTA UN MURAL PARA HOMER.

ESPERA QUE LE INSPIRE PARA VIVIR UNA VIDA LIBRE Y SIN ATADURAS.

¡CURIOSIDADES DE FAMILIA!

¡AL NACER, LOS HOMBRES SIMPSON SON UNA MONERÍA!

(POR DESGRACIA LOS GENES SIMPSON TOMAN EL PODER ALREDEDOR DE LOS 3 AÑOS Y TODA LA MONERÍA DESAPARECE A LOS 4.)

HOMER, 2 AÑOS: OHHH...

HOMER, 4 AÑOS: ¡OSTRAS!

COMANDO BOMBA

MONA Y SUS CAMARADAS RADICALES TOMAN MEDIDAS DRÁSTICAS PARA CERRAR EL LABORATORIO DE GUERRA BIOLÓGICA DEL SR. BURNS.

CREAN UN DISPOSITIVO QUE LIBERA ANTIBIÓTICOS EN LAS INSTALACIONES Y DESTRUYE LOS VIRUS LETALES.

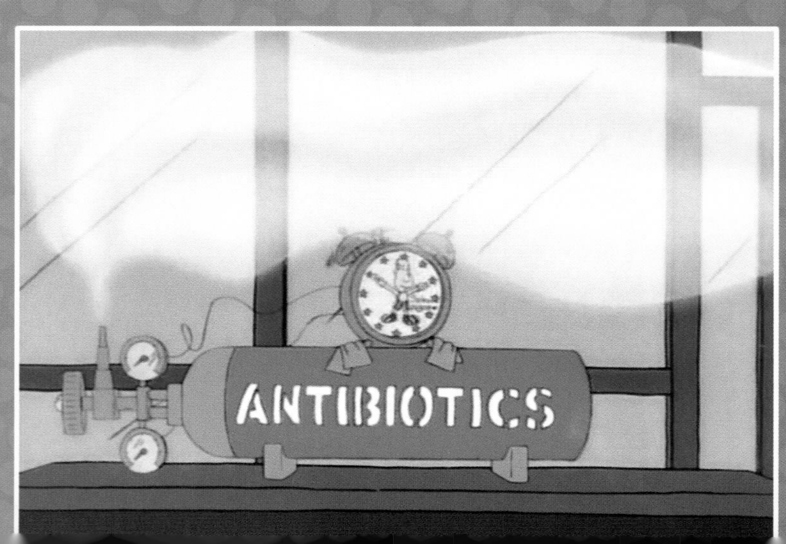

«¡MIS GÉRMENES! ¡MIS VALIOSOS GÉRMENES! ¡SI NO HAN HECHO DAÑO! ¡NO HAN TENIDO OPORTUNIDAD!»

MONTY LLEGA AL LABORATORIO PARA DETENER A LOS CULPABLES...

«¡EL RESPONSABLE DE ESTO NO PASARÁ POR ENCIMA DE MÍ!»

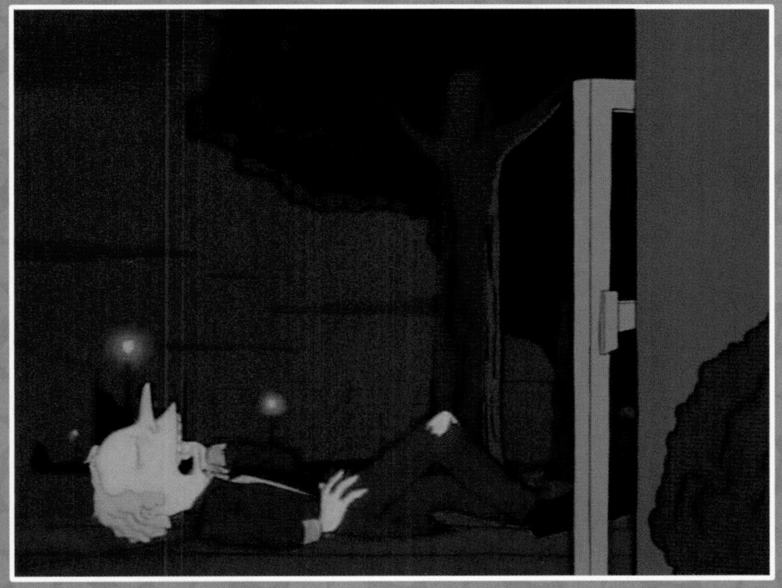

...PERO LOS ACTIVISTAS LO PISOTEAN EN SU HUIDA.

MONA VUELVE PARA AYUDAR AL CAÍDO SEÑOR BURNS.

«POBRE HOMBRE, DÉJEME QUE LO AYUDE.»

UNA DECISIÓN DE LA QUE SE ARREPIENTE AL INSTANTE.

«QUÉ ERROR ACABA DE COMETER. PASARÁ EL RESTO DE SU VIDA EN LA CÁRCEL EN CUANTO LE ECHE LAS MANOS ENCIMA.»

– SR. BURNS

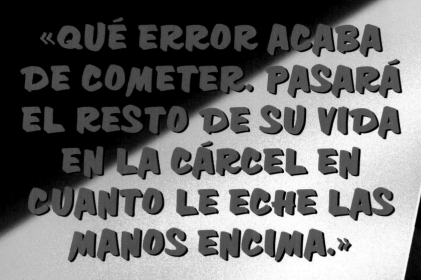

MONA HUYE EN LA NOCHE COMPRENDIENDO QUE LA VIDA TAL Y COMO LA CONOCÍA YA NO EXISTE.

AL POCO LA CARA DE MONA ESTÁ EN TODOS LOS NOTICIARIOS DEL PAÍS.

«SOLO UNO DE LOS MIEMBROS DE LOS SIETE DE SPRINGFIELD FUE IDENTIFICADO. PARECE QUE SE TRATA DE UNA MUJER DE TREINTA Y POCOS, DE COMPLEXIÓN AMARILLA. PUEDE SER EXTREMADAMENTE AMABLE.»

MONA TIENE QUE HACER UN ÚLTIMO SACRIFICIO Y ESCOGER ENTRE SU SEGURIDAD Y LA DE SUS SERES QUERIDOS. SE OBLIGA A ABANDONARLOS PARA EVITARLES REPRESALIAS MAYORES.

ADIÓS, GRANDULLÓN AMARILLO

SE CUELA
EN EL CUARTO DE
HOMER Y SE DESPIDE
CON TERNURA.

PARA HOMER
ESE BESO
ES UN SUEÑO
MARAVILLOSO.

SE BUSCA:

NOMBRE DESCONOCIDO

SEÑORA A LA FUGA

MONA SE PREPARA PARA UNA VIDA DE FUGITIVA.

DESPEDIRSE DE HOMER ES LO MÁS DURO QUE HA HECHO EN SU VIDA.

Abe:

Te dejo.

Mona

DESPEDIRSE DE ABE... NO TANTO.

UN HOMBRE Y

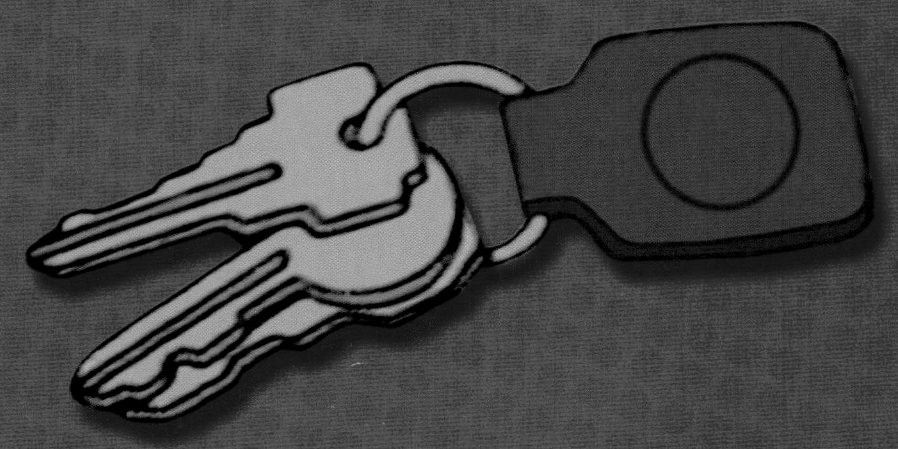

CUANDO MONA SE VA, HACE LO POSIBLE POR ENTRETENER A SU HIJO.

UN BIBERÓN

«HE, HE. ¡COGE LAS LLAVES! ¡COGE LAS LLAVES DE PAPI!»

PRONTO DESCUBRE QUE SER PADRE NO ES TAN FÁCIL COMO PENSABA.

«¡BIEEEN!»

«¡SERÁ POSIBLE!»

LA ODISEA DE HOMER

SIN MADRE Y CON UN PADRE QUE ES UN BURRO, HOMER SE VE MARGINADO POR LOS DEMÁS NIÑOS DEL BARRIO.

ALLÁ DONDE VA NADIE PARECE ACEPTARLO.

CLUB
ANTI
HOMERS

HOMER SACA EL MÁXIMO PARTIDO DE LO QUE LE HA TOCADO VIVIR. CON EL TIEMPO HACE BUENOS AMIGOS Y ENTRA EN UNA FELIZ RUTINA PREPUBESCENTE.

INCLUSO VA A UN CAMPAMENTO DE VERANO...

...DONDE CONOCE A UNA CHICA MISTERIOSA DEL VECINO CAMPAMENTO FEMENINO. AUNQUE NUNCA SABRÁ SU NOMBRE, LOS DOS COMPARTEN ALGO MUY ESPECIAL.

«Fue tan agradable como un millón de tarjetas de felicitación con sus sobres a medida.»

– MARGE

«Fue como una bomba exterminando un cementerio de zombis.»

– HOMER

AMOR EN PICADO

MAREADO AÚN POR LA EUFORIA DEL BESO, HOMER DA UN PEQUEÑO TRASPIÉS (PERO ¡QUÉ TRASPIÉS!) EN SU PASEO NOCTURNO POR EL BOSQUE.

LO MANDAN DE VUELTA A CASA Y PIERDE LA OPORTUNIDAD DE SABER EL NOMBRE DE SU AMADA.

¡CURIOSIDADES DE FAMILIA!

LA BENEFICIARIA DEL PRIMER BESO DE HOMER ES UNA CHICA LLAMADA MARGE BOUVIER.

AUNQUE NORMALMENTE LUCÍA UN BONITO PELO AZUL, SUS ONDAS MORENAS ERAN RESULTADO DE UN DESAFORTUNADO ACCIDENTE DE PLANCHA.

¡MÁS ADELANTE, MÁS!

AQUEL EXCITANTE INSTITUTO

UNA INFANCIA INSULSA DA POR FIN PASO A LA ADOLESCENCIA, CUANDO HOMER SE CONVIERTE EN UN ESTUDIANTE RETRASADO MEDIO.

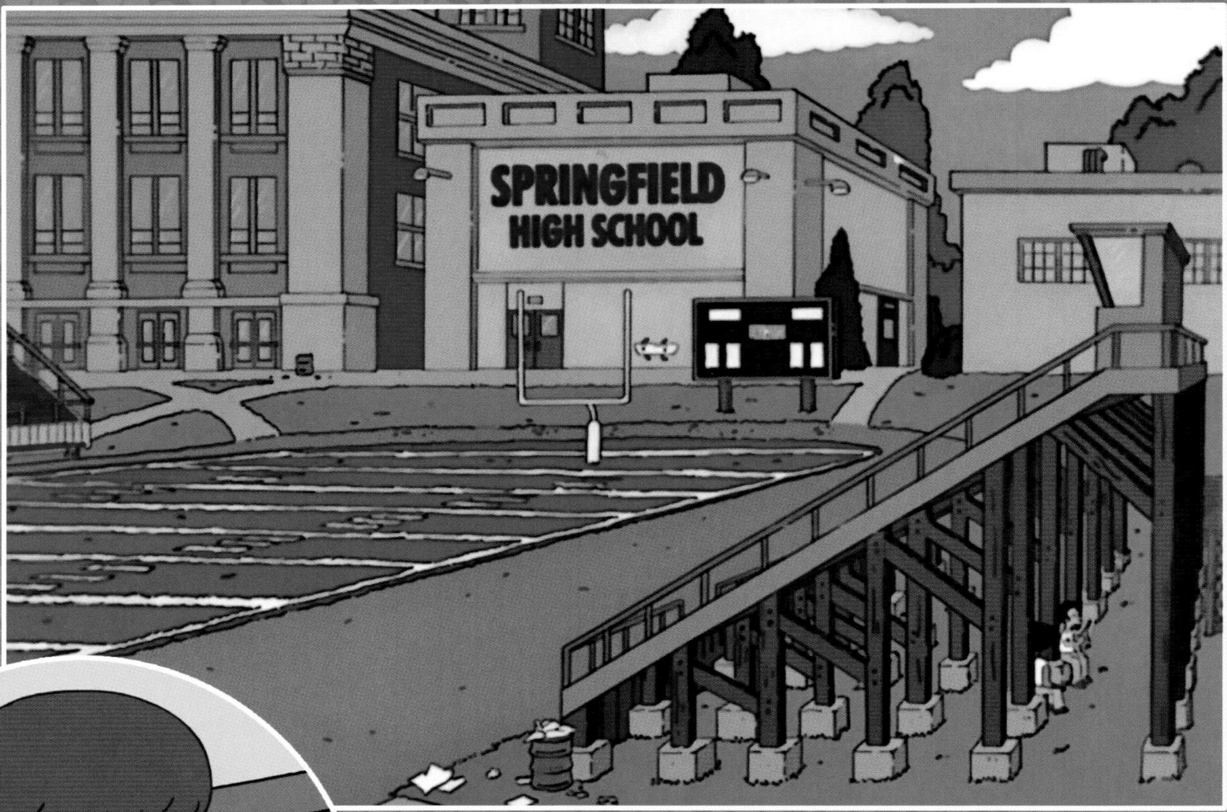

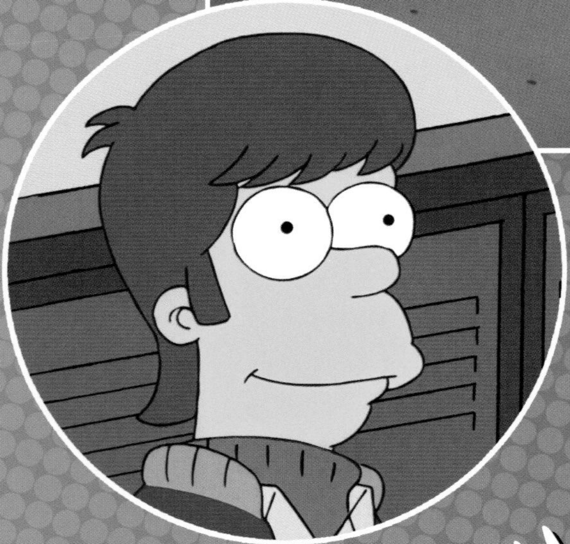

SU VIDA GIRA EN TORNO A LA MÚSICA, LOS COCHES Y LOS COLEGAS.

SOME PEOPLE CALL ME MAURICE!
¡UOU UOUU!

¡LA PANDA DE HOMER!

CARL CARLSON

¡ZUMBÓN!
¡BAILÓN!

LENNY LEONARD

¡GUASÓN!
¡REMOLÓN!

BARNEY GUMBLE

¡GACHÓN!
¡BURLÓN!

HOMER COMPRA SU PRIMERA BIRRA

POCOS MOMENTOS HAN DEJADO MAYOR HUELLA EN HOMER QUE LA COMPRA (Y LA POSTERIOR CONSUMICIÓN) DE SU PRIMERA CERVEZA. SIN DUDA EL HOMER SIMPSON AL QUE HOY CONOCEMOS NO EXISTIRÍA ¡SIN LA INFLUENCIA DE TODOS ESOS LITROS DE CERVEZA DUFF!

«BRINDEMOS POR EL ALCOHOL: CAUSA, Y SOLUCIÓN, DE TODOS LOS PROBLEMAS DE LA VIDA.»

– HOMER

EL MÍTICO CARNÉ FALSO

¿SE LO TRAGARÁ EL CAJERO

CLARO..., ¿POR QUÉ NO?

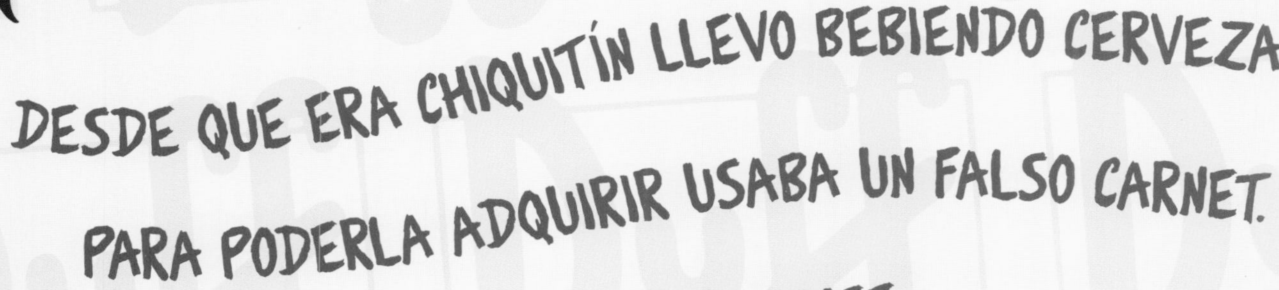

DESDE QUE ERA CHIQUITÍN LLEVO BEBIENDO CERVEZA.

PARA PODERLA ADQUIRIR USABA UN FALSO CARNET.

A NOMBRE DE UN TAL MCGEE.

Y ME ENTUSIASMABA QUEEN.

DESDE QUE ERA CHIQUITÍN.

HOMER NO SOSPECHA EN ABSOLUTO QUE SU CAMINO VOLVERÁ A CRUZARSE CON LA CHICA MISTERIOSA DE SU PASADO.
CON AQUEL PRIMER BESO DESVANECIDO TIEMPO ATRÁS EN EL OLVIDO, LOS DOS JÓVENES NUNCA SE HAN CRUZADO EN LOS TRES AÑOS Y MEDIO QUE LLEVAN EN EL MISMO INSTITUTO.

HASTA QUE UN BUEN DÍA TODO CAMBIA.

MARGE BOUVIER

EDAD:
DIECISIETE

ESTATUS:
ESTUDIANTE
DE ÚLTIMO CURSO

LE GUSTA:
PINTURA, FOTOGRAFÍA,
ANATOMÍA FORENSE,
EL ORDEN

LE DISGUSTA:
FUMAR,
LA GENTE FALSA,
LA FRASE «MÉTELE CAÑA»
(LE PARECE SOEZ)

SUEÑO DE NIÑA:
SER LA PRIMERA
MUJER ASTRONAUTA

FUMARSE LA CLASE

HOMER Y BARNEY DECIDEN FALTAR A PLÁSTICA Y HACER DE LAS SUYAS.

«OH, ESTOS CHICOS SE PASAN LA VIDA FUMANDO.»

«YA NO LLEGAMOS A CARPINTERÍA, PERO LLEGAMOS A ALMORZAR. VAMOS A JALAR UNA HAMBURGUESA.»

«TE PASAS EL DÍA COMIENDO Y NO ENGORDAS NI UN GRAMO.»

«ES MI METABOLISMO. SOY UNO DE LOS AFORTUNADOS.»

«VAYA, VAYA. ¿QUIÉN SINO HOMER SIMPSON Y BARNEY GUMBLE, LA VERSIÓN DEL COLEGIO DE EL GORDO Y EL FLACO?»

PERO EL DIRECTOR DONDELINGER LOS PILLA Y HOMER Y BARNEY SON CONDENADOS A...

CASTIGO

TRES EN PUNTO.
VIEJO EDIFICIO.
AULA 106.

COLEGIALA POWER

LO QUE EMPIEZA CON DOS AMIGAS CHARLANDO DE ASUNTOS DE ACTUALIDAD…

«SÍ A LA IGUALDAD DE DERECHOS PERO, ¿PARA QUÉ UNA ENMIENDA NUEVA?»

«OH, MARGE. DEBERÍAS LEER ESTO.»

…SE CONVIERTE EN UNA EPIFANÍA PARA LA JOVEN MARGE BOUVIER.

REBOSANTE DE NUEVOS SABERES, MARGE DA UN MITIN EN EL ALMUERZO EN DEFENSA DE LOS DERECHOS DE LA MUJER...

«...Y POR OTRO ARTÍCULO ME ENTERÉ DE QUE CONTRATAR A UN PROFESIONAL QUE HAGA TODO EL TRABAJO DE AMA DE CASA, QUE NO QUIERE DECIR NI MUCHO MENOS QUE AME SU CASA, ¡CUESTA NADA MENOS QUE CUARENTA Y OCHO MIL DÓLARES AL AÑO!»

...Y DECIDE ECHAR LEÑA AL FUEGO.

«¡EL PRIMER PASO PARA EMANCIPARNOS ES LIBERARNOS DE ESTOS GRILLETES IMPUESTOS POR LOS MACHOS!»

¡QUEMA, MARGIE, QUEMA!

AUNQUE LA QUEMA DEL SUJETADOR NO SALE COMO PLANEABA.

LA LLAMA ES FIERA PERO, POR SUERTE, EFÍMERA.

«NO CREÍA QUE FUERA TAN ARDIENTE. SERÁ PORQUE ME DEJÉ DENTRO UN POSTIZO DE PAPEL.»

COMO MUCHAS ACTIVISTAS, MARGE ATRAE LA IRA DE LAS AUTORIDADES. EN SU CASO, LA DE UN RABIOSO DIRECTOR DE INSTITUTO.

«¡SEÑORITA BOUVIER, USTED ME SORPRENDE!»

EL DIRECTOR DONDELINGER SENTENCIA A MARGE A UN DÍA DE...

CASTIGO

TRES EN PUNTO.
VIEJO EDIFICIO.
AULA 106.

«¡DIOS MÍO! ES LA ÚLTIMA VEZ QUE ME MANIFIESTO.»

LOS PLANETAS SE ALINEAN

ES OTRA TARDE ABURRIDA DE CASTIGO MÁS PERO, CUANDO MARGE ENTRA, LA VIDA DE HOMER CAMBIA PARA SIEMPRE.

«OYE, ¿QUIÉN ES ESA COSA?»

APARECE LA CHICA MISTERIOSA.

PARA HOMER
ES AMOR A
PRIMERA VISTA.

DIOS LOS CRÍA Y EL CASTIGO LOS JUNTA

CUANDO MARGE SE SIENTA AL LADO DE HOMER, ESTE NO DA CRÉDITO A LO QUE VEN SUS OJOS.

¡TOMA TOMATE!

HASTA BARNEY QUEDA FASCINADO POR LA NUEVA.

«¡OYE! ¿TÚ QUIERES IR AL--?»

«¡ESTA ES MÍA!»

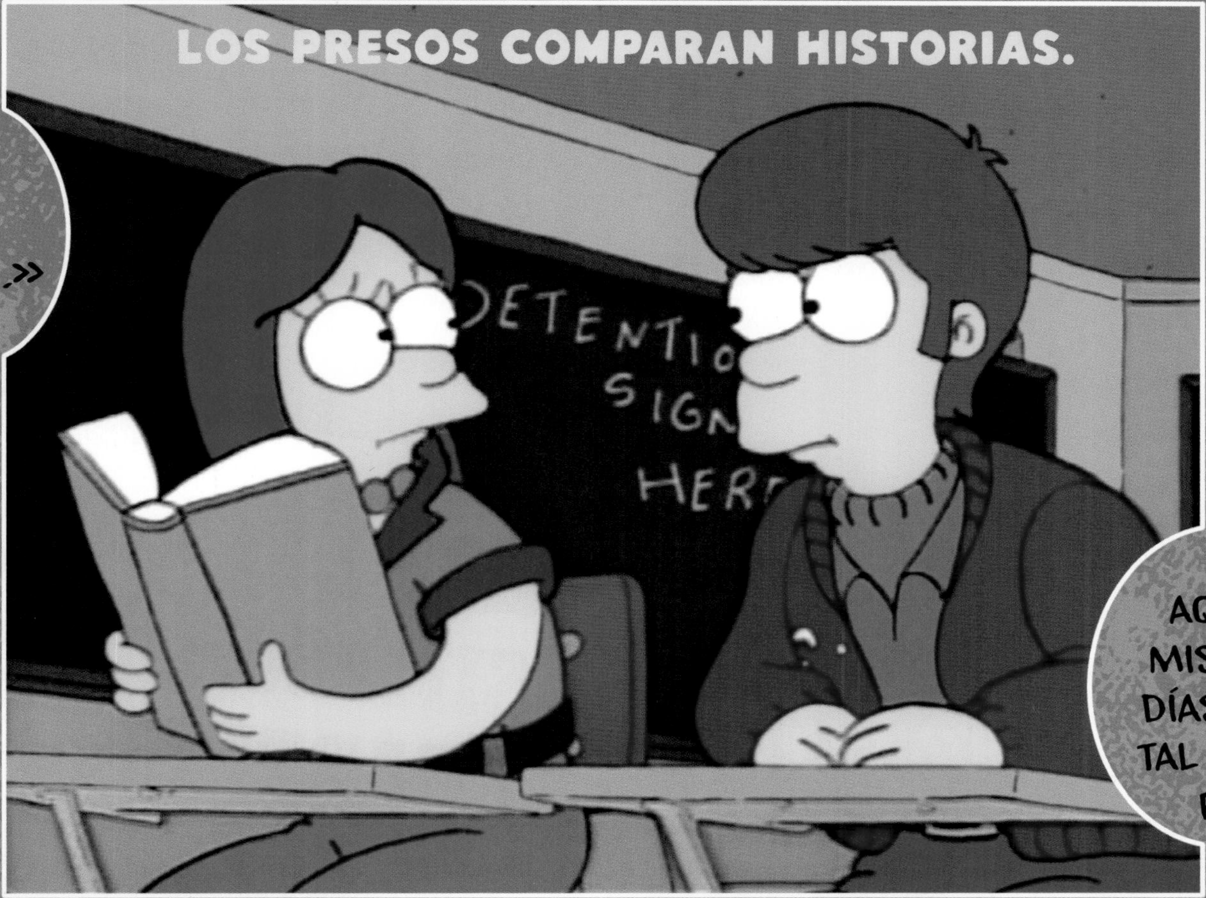

LOS PRESOS COMPARAN HISTORIAS.

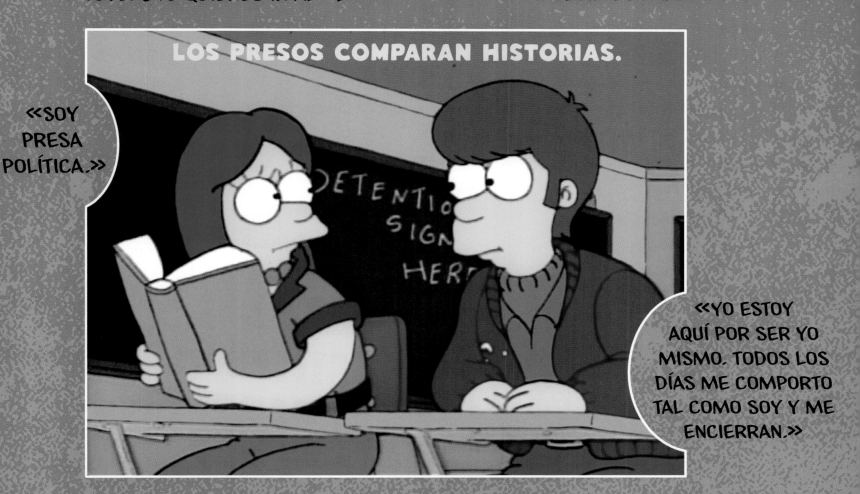

«SOY PRESA POLÍTICA.»

«YO ESTOY AQUÍ POR SER YO MISMO. TODOS LOS DÍAS ME COMPORTO TAL COMO SOY Y ME ENCIERRAN.»

HOMER APROVECHA LA OCASIÓN PARA PEDIRLE A MARGE QUE SALGA CON ÉL...

«TAL VEZ PODRÍAMOS QUEDAR A ALGUNA HORA.»

«PERDONA, NO SÉ NI CÓMO TE LLAMAS.»

EN MOMENTOS ASÍ ES CUANDO LAS TARJETAS DE VISITA DE PEGA VIENEN DE PERLAS.

LA GUÍA DEL CABALLERO ADOLESCENTE PARA CAMELARSE A LA CHICA DE SUS SUEÑOS

Sigue estos prácticos pasos...

1. ¿SABE ELLA QUE EXISTES?

☐ **NO** (No te quedes ahí parado. ¡Ve a presentarte, por lo que más quieras!)

☑ **SÍ** (¡Felicidades! ¡Listo para el paso 2!)

2. ¿LE IMPORTA?

☐ **NO** (*Game over*, colega.)

☐ **SÍ** (¡Luz verde!)

☑ **NS/NC** (Tienes trabajo por delante. ¡Buena suerte, Romeo!)

CONSEJO PATERNO ¡OUCH!

«¿QUÉ PASA, MUCHACHO? NO HAS PROBADO BOCADO, CUANDO LO NORMAL ES QUE TENGA QUE APARTAR TUS GRASIENTAS MANOS DEL CUBO.»

«PAPÁ, ESTOY ENAMORADO.»

CUANDO RECURRE A SU PADRE EN BUSCA DE CONSEJO, ESTE LE REVELA SU RECETA SECRETA PARA UNA VIDA FELIZ.

«HIJO, NO ASPIRES A TANTO.»

EFICAZ GUÍA
DE ABRAHAM SIMPSON
PARA EVITAR FRACASOS.

- CONFÓRMATE CON UN COCHE ABOLLADO.
- UN TRABAJO SIN FUTURO.
- LA CHICA MENOS ATRACTIVA.

«YA SÉ, YA SÉ QUE ES CULPA MÍA. DEBÍA HABERTE DADO ESTA CHARLA HACE TIEMPO.»

«SOY HOMER SIMPSON, TUTOR. NECESITO UN CONSEJO.»

– HOMER

ANTE LA ESCASA AYUDA DE SU PADRE, HOMER VA A VER AL SR. MCINTYRE, EL ORIENTADOR DEL INSTITUTO, PARA QUE LE ACONSEJE SOBRE CÓMO CONQUISTAR A MARGE.

«HE, HE. ESE NO ES EL TIPO DE CONSEJOS QUE SUELO DAR.»

«PERO COMO SE SUPONE QUE DEBO HACER ALGO BUENO POR CADA ALUMNO DE LA ENE A LA ZETA, EL CONSEJO QUE DEBO DARLE ES QUE PROCURE COMPARTIR UN INTERÉS COMÚN CON ELLA, Y GASTE, GASTE, GASTE.»

HOMER COGE DEL DESPACHO UN PANFLETO DE LA CENTRAL NUCLEAR QUE ABRIRÁN DENTRO DE POCO.

MCINTYRE LE INSTA A CONSIDERARLA COMO SALIDA PROFESIONAL, PORQUE ES EL ÚNICO SITIO DONDE NO EXIGEN GRADUADO ESCOLAR.

«YO, METIDO EN UNA CENTRAL NUCLEAR...»

¡BADA BUUM!

«¡JE-JE! ¡ANDA YA!»

LAS ENSEÑANZAS DEL SEÑOR MCINTYRE LLEVAN A HOMER A UNIRSE AL FORO DE DEBATE PARA ACERCARSE A MARGE BOUVIER.

ALLÍ CONOCE A ARTIE, CAMPEÓN DE DEBATES, NIÑO PRODIGIO INTELECTUAL Y RIVAL POR LAS ATENCIONES DE MARGE.

HOMER Y ARTIE SE ENZARZAN EN UN DEBATE...

«EL LÍMITE DE VELOCIDAD, ¿DEBERÍA BAJARSE A NOVENTA KILÓMETROS POR HORA?»

«*¿¡NOVENTA!?* ¡ESO ES RIDÍCULO! SÍ, SE SALVARÍAN UNAS CUANTAS VIDAS, ¡PERO MILLONES LLEGARÍAN TARDE!»

...Y AL POCO ESTÁN COMO EL PERRO Y EL GATO.

A HOMER
LE PIDEN
QUE RECULE...

...COSA QUE HACE ENCANTADO.

A PESAR DE LOS ESFUERZOS DE HOMER, MARGE SE CUIDA DE MANTENER LAS DISTANCIAS.

¿Debería la joven Marge Bouvier tener una cita con Homer Simpson? ¿Por qué no hacer lo que cualquier joven con recursos haría y averiguar las.

REFERENCIAS DE HOMER

¡A ver qué dice la gente!

ENTRENADOR FLANAGAN
Baloncesto

«¿Homer Simpson? Oh, sí, no es mal encestador. Si se aplicara un poco, ya sabe, si entrenara, hiciera pesas y eso, tal vez aprendiera a andar.»

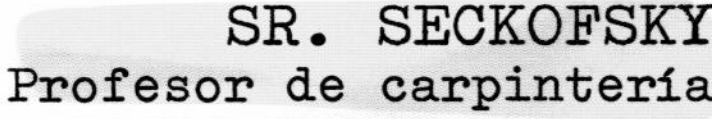

SR. SECKOFSKY
Profesor de carpintería

«Lo he tenido durante cuatro años. Una continua mediocridad. ¡Logró hacer una lámpara!»

BARNEY GUMBLE
Compinche

«Lo es todo para los demás, y quizá también para una chica afortunada.»

AL FINAL MARGE DECIDE RECHAZAR LA CITA CON UNA LETANÍA DE EXCUSAS.

«PARECES UN CHICO SIMPÁTICO, PERO YO NO TENGO TIEMPO. ESTÁ PRÓXIMO EL CONCURSO DE LOS FOROS DE DEBATE. Y ADEMÁS, DOY CLASES PARTICULARES DE FRANCÉS.»

HOMER VE EL CIELO ABIERTO...

«¿FRANCÉS? ¡QUÉ COINCIDENCIA! ¡JUSTO LA ASIGNATURA QUE ME ESTÁ DANDO PROBLEMAS!»

Y CON ESA SENCILLA PETICIÓN CONCIERTAN UNA SESIÓN DE ESTUDIO EN LA CASA DE LOS SIMPSON.

LA GRAN NOCHE

PUEDE QUE SOLO SEA UNA CITA PARA ESTUDIAR, PERO PARA HOMER ES SU OPORTUNIDAD DE IMPRESIONAR A LA CHICA DE SUS SUEÑOS.

ACICALÁNDOSE...

¡MOSQUIS!

OH, UNOS PELILLOS...

HE, HE, BUENO TODAVÍA ME QUEDA UN MONTONAZO.

HOMER PONE MÚSICA DE ENROLLARSE PARA «CREAR AMBIENTE» PARA LA ENCANTADORA MARGE.

DON'T BE A BABY, LADY.
JUST BE A LADY, BABY.

LA BELLA Y LA BESTIA

CUANDO MARGE LLEGA, SE PONEN RÁPIDAMENTE CON EL ESTUDIO. PARA SORPRESA DE AMBOS, A HOMER NO SE LE DA TAN MAL EL FRANCÉS.

«¡ES INCREÍBLE! ¡SE ME HA QUEDADO! ME ENSEÑAS UNA COSA NUEVA, Y AL MINUTO AÚN SIGUE AHÍ. ESTO LO HAS HECHO TÚ, MARGE.»

Y LUEGO INCLUSO HACEN UNA PEQUEÑA PAUSA.

BAILA EL HUSTLE

MARGE POR FIN EMPIEZA A SOLTARSE CON HOMER.

«¿SABES, HOMER? NUNCA HE CONOCIDO A NADIE COMO TÚ: ABIERTO, AMABLE, SINCERO, Y NADA PRESUNTUOSO.»

OH LÀ LÀ!

ENVALENTONADO POR LOS CUMPLIDOS DE MARGE, LE PIDE QUE VAYA CON ÉL AL BAILE.

«MARGE, ¿QUIERES IR AL BAILE CONMIGO?»

LA RESPUESTA ES UN SONORO «OUI».

DICCIONARIO FRANCÉS-ESPAÑOL

oui |wi|
exclam.
1. empleado como respuesta afirmativa
   - para expresar consenso con una afirmación positiva
   - para expresar desacuerdo con una afirmación negativa

«SERÁ LA NOCHE MÁS DIVERTIDA DE TU VIDA. ¡VOY A ALQUILAR LA LIMUSINA MÁS GRANDE! ¡TE COMPRARÉ EL RAMILLETE MÁS GRANDE, LLEVARÉ EL ESMOQUIN CON LAS SOLAPAS MÁS GRANDES, LOS GEMELOS MÁS BONITOS, Y LOS ZAPATOS CON ALZAS MÁS GRANDES QUE PUEDAS IMAGINAR!»

– HOMER

«YO TAL VEZ ME HAGA UN... MOÑO.»

UN *FAUX PAS*

HOMER MALINTERPRETA EL MOMENTO
Y HACE UNA CONFESIÓN SORPRENDENTE.

«COMO TE GUSTA QUE SEA SINCERO Y ABIERTO, ESCUCHA ESTO. LA VERDAD ES QUE NO ESTUDIO FRANCÉS. FUE SOLO UNA SAGAZ ESTRATAGEMA PARA CONOCERTE.»

MARGE NO SE LO TOMA PRECISAMENTE BIEN.

«¿SABÍAS QUE EL CONCURSO DE FOROS DE DEBATE ES MAÑANA, Y ME TIENES AQUÍ HASTA LA UNA DE LA MADRUGADA HACIÉNDOTE EL ESTÚPIDO?»
«¡HOMER J. SIMPSON, TE ODIO!»
- MARGE
HOMER NO SABE QUÉ DECIR.

DESPUÉS DE LA ESPANTADA DE MARGE, NO SABE MUY BIEN CÓMO REACCIONAR.

TRAS REFLEXIONAR UNOS MINUTOS, PASA A LA ACCIÓN.

«EH, BARNEY, ¡ADIVINA QUIÉN TIENE PLAN PARA IR AL BAILE!»

AL DÍA SIGUIENTE MARGE SE ENCUENTRA CON ARTIE ZIFF TRAS EL CONCURSO DE ANATOMÍA FORENSE.

«MARGE, TAL VEZ ESTE NO SEA EL LUGAR MÁS ADECUADO PARA LO QUE TE QUIERO DECIR PERO, ¿QUIERES IR AL BAILE CONMIGO?»

MARGE, QUE SE HA OLVIDADO POR COMPLETO DE HOMER, ACEPTA.

«ARTIE, TE CONOZCO Y TE RESPETO DESDE HACE OCHO AÑOS. ¿Y CON QUIÉN MEJOR PODRÍA IR AL BAILE QUE CONTIGO?»

¿SERÁ UN SUEÑO O UN CHASCO?

MARGE SE PREPARA PARA SU CITA, SIN SOSPECHAR QUÉ (O QUIÉN) LA ESPERA ABAJO.

«Si te pellizcas las mejillas tendrás color. Un poco más, mira a ver si puedes romperte algún vasito capilar.»

– SRA. BOUVIER

EL RECIBIMIENTO EN CASA DE LOS BOUVIER ES, CUANDO MENOS, TIBIO.

«OYE, ¿QUIÉN O QUÉ ERES TÚ?»

EL PADRE DE MARGE, CONFUNDIÉNDOLO CON OTRO, INTERVIENE.

«JOVEN, DEBO DAR EL VISTO BUENO A LOS AMIGOS DE MARGE, PERO POR LO QUE ME HAN CONTADO ES USTED UN SER RESPETABLE.»

«GRACIAS, SEÑOR B.»

A HOMER, CLARO, NO SE LE PASA POR LA CABEZA QUE SOBRA.

«AQUÍ VIENE... LA CÁMARA...»

Cita con el De

stino

POR DESGRACIA MARGE ESTABA ESPERANDO A ALGUIEN BIEN DISTINTO.

PERO ¿QUÉ HACES TÚ AQUÍ?

«DIJISTE QUE IRÍAS AL BAILE CONMIGO.»

«Y TAMBIÉN DIJE QUE TE ODIABA. Y NO HEMOS VUELTO A HABLAR DESDE ENTONCES.»

LÓGICA DE HOMER

«TENÍA MIEDO DE QUE CANCELARAS NUESTRA CITA Y POR ESO PROCURÉ QUE NO ME VIERAS. HE FALTADO TRES SEMANAS AL COLEGIO A PESAR DE QUE ME GRADÚO ESTE VERANO. ESPERO...»

MARGE
LE EXPLICA QUE
YA HA HECHO
PLANES PARA
IR CON...

¡DING DONG!

«SOY ARTIE ZIFF, EL ACOMPAÑANTE DE MARGE PARA EL BAILE.»

COMPUESTO Y SIN NOVIA

COMPRENDIENDO QUE TRES SON MULTITUD, HOMER SE RETIRA A LA SOLEDAD DE SU LIMUSINA ALQUILADA.

«Eh, amigo, ¿y su chica?»

– CHÓFER

«SE VA CON ÉL.»

¡AUCH!

CON EL CORAZÓN APESADUMBRADO, HOMER DECIDE PONER BUENA CARA AL MAL TIEMPO.

«OIGA, HE PAGADO POR EL COCHE, HE PAGADO POR EL TRAJE, Y TENGO PAGADAS DOS CENAS. ASÍ QUE VAMOS AL BAILE.»

¡Recuerdos
NADA DE BEBIDA, TABACO,
BAILES INAPROPIADOS...
INGFIELD HIGH
PROM
EXIT

desde el baile!
GOODBYE YELLOW BRICK ROAD
THE LARRY DAVIS EXPERIENCE
...¡NI EXHIBICIONISMO!

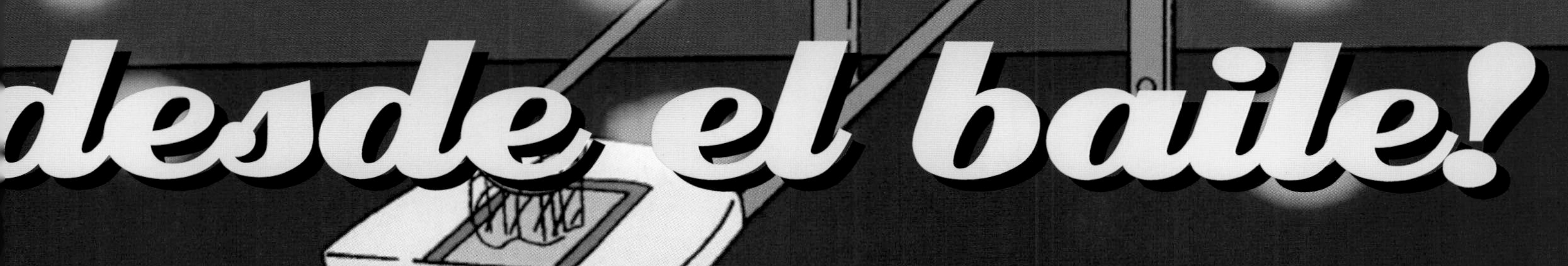

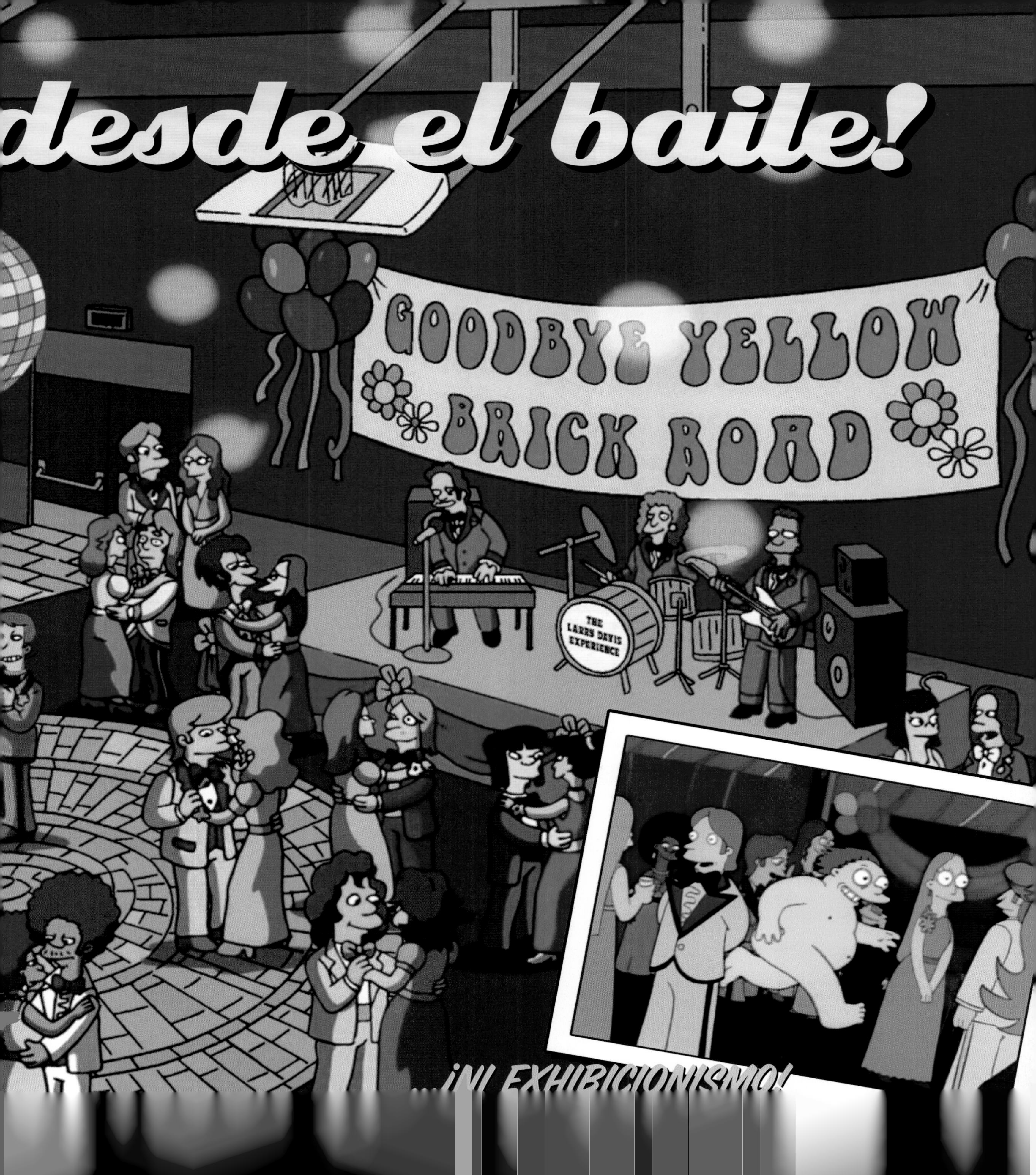

3 ES EL NÚMERO MÁS CRUEL

MARGE HACE LO POSIBLE POR DISFRUTAR...

...PERO HOMER NO TIENE TANTA SUERTE.

El rey y la reina de la clase del último curso del setenta y cuatro son...

¡Artie Ziff y Marge Bouvier!

«EN LUGAR DE HABER VOTADO A UN HÉROE ATLÉTICO, O A UNA CARA BONITA, ME HABÉIS ELEGIDO A MÍ, VUESTRO SUPERIOR INTELECTUAL, COMO REY. OS APLAUDO.»

«¡ES LA MEJOR! ¡VIVA LA REINA MARGE! ¡LARGA VIDA A LA REINA!»

LOS REYES COMPARTEN UN BAILE BAJO LOS FOCOS...

Why do birds suddenly appear,
Every time you are near...

...PERO ES DEMASIADO PARA EL CORAZÓN ROTO DE HOMER.

«NO LO SOPORTO.»

MARGE ABORDA A HOMER EN LAS ESCALERAS PARA INTENTAR SUAVIZAR EL GOLPE...

«HOMER, ¿POR QUÉ ESTA ACTITUD?»

«PORQUE SÉ QUE ESTAMOS HECHOS EL UNO PARA EL OTRO. NORMALMENTE, CUANDO SE ME OCURRE UNA COSA, SE ME OCURREN OTRAS A LA VEZ. ALGO QUE ME DICE SÍ, ALGO QUE ME DICE NO. Y AHORA TODO ME DICE SÍ.»

PERO LO ÚNICO QUE CONSIGUE
ES ROMPERLE EL CORAZÓN.

YENDO AL GRANO

DESPUÉS DEL BAILE ARTIE LLEVA A MARGE AL «PUNTO DE INSPIRACIÓN» DE SPRINGFIELD, MUY POPULAR ENTRE LOS ADOLESCENTES LOCALES...

...DONDE RESULTA QUE EL LIBIDINOSO SR. ZIFF NO ES EL CABALLERO QUE SIMULA SER.

«ARTIE, HAZ EL FAVOR DE ESTARTE QUIETO.»

MARGE LE ENSEÑA QUE ASÍ NO SE TRATA A UNA DAMA.

«¡LLÉVAME A CASA, ARTIE!»

«MARGE, TE AGRADECERÍA QUE NO COMENTARAS CON NADIE LO DE QUE TENGO LAS MANOS LARGAS. NO ES QUE A MÍ ME IMPORTE, PERO SÍ A LA GENTE QUE ME RESPETA, Y QUE SE SENTIRÍA DECEPCIONADA, ¿COMPRENDES?»

– ARTIE ZIFF

MARGE HACE OÍDOS SORDOS A LAS DISCULPAS.

UN RODEO PARA VOLVER A CASA

«LA UNA DE LA MAÑANA. SI QUIERE QUE ESPERE, TENDRÁ QUE PAGARME CUARENTA Y CINCO DÓLARES HORA.»

ARRUINADO Y SOLO, HOMER VUELVE ANDANDO PARA DESPEJARSE LA CABEZA.

NI SIQUIERA SE DA CUENTA DE QUE MARGE Y ARTIE PASAN A SU LADO.

EN ESE MOMENTO MARGE COMPRENDE CON QUIÉN DEBERÍA HABER IDO AL BAILE.

DOS EN LA CARRETERA

AL POCO UN COCHE FAMILIAR SE ACERCA A HOMER Y LA CONDUCTORA SE OFRECE A LLEVARLO.

«¿MARGE? ¿QUÉ ESTÁS HACIENDO AQUÍ?»

«HOLA, MI ACOMPAÑANTE, ¿QUIERES QUE TE LLEVE?»

POR FIN A SOLAS CON LA CHICA DE SUS SUEÑOS, HOMER UTILIZA SU RAMILLETE PARA ARREGLARLE EL VESTIDO ROTO. MARGE ESTÁ RADIANTE PORQUE SABE QUE HA TOMADO LA DECISIÓN CORRECTA.

SUBNORMAL Y CABALLERO

TRAS UN ROMÁNTICO VIAJE DE VUELTA A CASA DE LOS BOUVIER, HOMER CONFIESA QUE VA A ABRAZARLA Y BESARLA Y QUE NUNCA LA SOLTARÁ YA.

Y sella su promesa...

... con
un beso.
AL FINAL
EL BAILE NO HA
IDO TAN MAL.

LAS MUCHAS CARAS

EL GRANO CON PATAS

EL INTENTO DE BIGOTE

EL HINCHA DEPORTIVO

FAN DE FONZIE

DEL JOVEN HOMER

EL ROQUERO KABUKI

ESTRÍPER FRACASADO

EL HÉROE CALZONAZOS

EL FUTURO MARIDO

REPORTERAS ARTERAS

MARGE Y SU COMPAÑERA CHLOE TALBOT SON ESTRELLAS EMERGENTES DEL ESTIMULANTE MUNDO DEL PERIODISMO DE INSTITUTO.

CONSIGUEN LA MAYOR EXCLUSIVA DEL SEMESTRE CUANDO DESCUBREN QUE UNO DE LOS TRABAJADORES DEL COMEDOR ESCUPE EN LA SOPA.

«ESTO POR OFRECERME MI PRIMER EMPLEO FUERA DE LA CÁRCEL.»

– MOE

Springfield High News

SOPA DE GAPO

By Chloe Talbot

Photo by Marge Bouvier

POR ESA NOTICIA LES CONCEDEN EL MÁXIMO GALARDÓN OTORGADO POR EL INSTITUTO DE SPRINGFIELD.

«SEÑORITAS, ES UN GRAN HONOR ENTREGAROS ESTOS DIPLOMAS AL MÉRITO. DONDE DICE "CONCEDIDO A", ESCRIBID VUESTROS NOMBRES, Y AQUÍ, LO QUE HICISTEIS.»

LA DECISIÓN DE MARGIE

CUANDO SE ACERCA LA GRADUACIÓN, MARGE RENUNCIA AL SUEÑO DE IR A LA FACULTAD DE PERIODISMO PARA NO SEPARARSE DE SU AMOR.

«QUÉDATE CONMIGO, MARGE, Y TE PROMETO QUE VIAJAREMOS POR TODO EL MUNDO... Y PUEDE QUE POR EL ESPACIO.»

BRAKE FLUID
«TE QUIERO, CHLOE... Y A TI TAMBIÉN, LÍQUIDO DE FRENOS.»
¡BUUUURRP!
CHLOE, SIN EMBARGO, COMPRENDE QUE SUS EXPECTATIVAS ROMÁNTICAS SON ALGO MENOS BRILLANTES.
A LA PRIMERA DE CAMBIO SE LARGA DE SPRINGFIELD EN BUSCA DE UNA VIDA MÁS GLAMUROSA.

¿UNIVERSIDAD? ¡Y UN JAMÓN!

CUANDO EL INSTITUTO SE ACERCA A SU FIN, HOMER TIENE QUE DECIDIR QUÉ CAMINO SEGUIR.

«FIRMA ESTA SOLICITUD, ESTÁS CON UN PIE DENTRO.»

«SIEMPRE QUISE IR A LA UNIVERSIDAD, PERO EL DESTINO SE INTERPUSO EN MI CAMINO.»

– HOMER

«¡ESE PERRO HA ROBADO UN JAMÓN! ¡YO NO ME LO PIERDO!»

«¡DAME ESE JAMÓN, ESTÚPIDO PERRO! ¡DÁMELO!»

LA SOLICITUD SIN FIRMAR ACABA EN EL «ARCHIVO REDONDO».

¡CURIOSIDAD EXTRA! HOMER TAMPOCO CONSIGUIÓ EL JAMÓN.

LA MANZANA PODRIDA

DESPUÉS DE LA GRADUACIÓN, HOMER SE REGALA UNAS VACACIONES A NUEVA YORK. SIEMPRE LE HABÍA FASCINADO LA EFERVESCENCIA DE LA CIUDAD PERO EL VIAJE NO VA TODO LO BIEN QUE HABÍA IMAGINADO.

PRIMERO UNO SE LAS PIRA CON SU CÁMARA MIENTRAS POSA PARA UNA FOTO.

CUANDO SE QUEJA A UN AGENTE, EL POLI LE ROBA EL EQUIPAJE.

LOS NEOYORQUINOS LE HACEN DESAIRES A CADA PASO.

ASÍ NACE SU AVERSIÓN DE POR VIDA POR NUEVA YORK.

«CREO QUE YA NO ESTOY EN SPRINGFIELD.»

AH, Y LA COSA SE PONE NEGRA CUANDO CONOCE A LOS M.H.C.S.*

* Moradores Humanoides Caníbales Subterráneos

LA APERTURA DEL BAR DE MOE

UNA NOCHE IDEAL. LOS SUELOS EXUDAN PROMESAS.

«BIENVENIDO A LA TABERNA DE MEAUX. O LA TABERNA DE MOE. LO QUE SEA.»

POR DESGRACIA PARA MARGE, LA VELADA ES UN CHASCO PORQUE HOMER SE PASA TODA LA NOCHE JUGANDO A LAS MAQUINITAS CON SUS COLEGAS.

POR LO MENOS CONSIGUE DARLE NACHOS MIENTRAS JUEGA..., ALGO ES ALGO.

«VIDEOJUEGOS Y CERVEZA. DESDE LUEGO, SABES COMO HACER QUE UNA CHICA SE DIVIERTA.»

LO QUE POR SUPUESTO LLEVA A...

LA PRIMERA INTOXICACIÓN ETÍLICA DE HOMER

¡BLUUAAR

«¡LA ÚNICA CANTIDAD PELIGROSA DE ALCOHOL ES CERO!»

- HOMER

EN UN MOMENTO DE LUCIDEZ, MARGE ESCRIBE UNA NOTA PARA ROMPER CON HOMER, MIENTRAS LO SUBEN A LA AMBULANCIA.

RG!

PERO EN EL HOSPITAL CAMBIA DE PARECER.

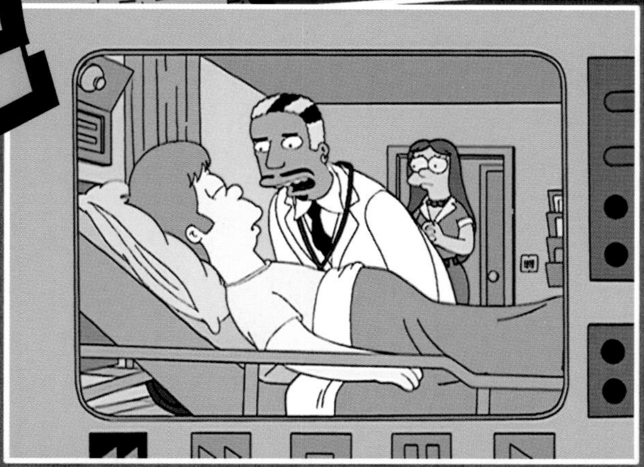

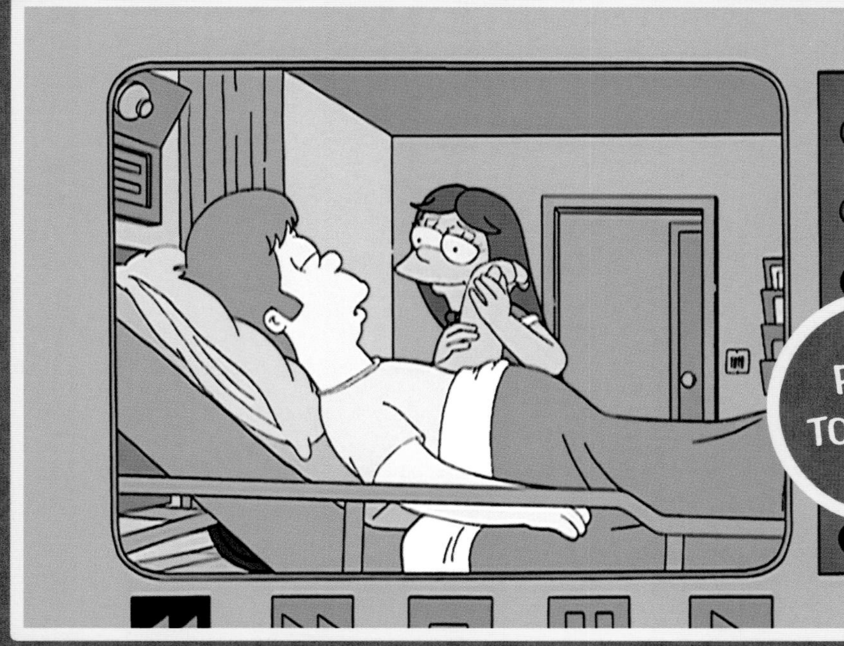

«AUNQUE TENGAMOS PROBLEMAS, NOS QUEDA TODA LA VIDA POR DELANTE PARA RESOLVERLOS... JUNTOS.»

ETERNOS COMPIS DE PISO

HOMER Y MARGE NO TARDAN EN DAR EL SALTO E IRSE A VIVIR JUNTOS.

NO TIENEN MUCHO DINERO PERO SON JÓVENES Y ESTÁN ENAMORADOS.

«A TU LADO, MI AMOR, LA SOPA DE FIDEOS ME SABE A SOPA DE LETRAS.»

HOMER SUGIERE LLEVAR LA RELACIÓN AL SIGUIENTE NIVEL PERO MARGE NO ESTÁ CONVENCIDA.

«ESTOS FUTONES DE GOMAESPUMA DE IKEA SE PUEDEN UNIR CON VELCRO.»

«AY, LO SIENTO, AÚN NO ESTOY PREPARADA. QUIERO ESPERAR A ESTAR CASADOS...

...O A ESTAR MUY BORRACHA.»

DECIDEN SEGUIR EL EJEMPLO DEL MODELO A TOMAR DE LA ÉPOCA.

PÓKER DE ASES

COMO MUCHOS JÓVENES, HOMER TIENE UN SUEÑO MUSICAL: INOFENSIVO Y URBANO HIPHOP MELÓDICO. SE PASA LOS DÍAS CON LA BANDA, PULIENDO SU SONIDO.

I'LL MAKE RUB TO YOU, SHOW RESPECT FOR YOU,
HUG SO SAFE AND STRONG, BACK RUB ALL NIGHT LONG.

ELENCO

Homer

Lenny

Carl

MARGE TIENE CORREO

CUANDO MARGE RECIBE UNA CARTA DE ACEPTACIÓN DE LA UNIVERSIDAD DE SPRINGFIELD, A HOMER LO PILLA POR SORPRESA. MARGE NO LE HABÍA CONTADO QUE LO HABÍA SOLICITADO.

«NO ES VERDAD. TE LO DIJE.»

«LO QUE ENTENDÍ FUE QUE IBAS A SOLICITAR PLAZA EN EL UNIVERSO. Y RECUERDO QUE ME OPUSE.»

– HOMER

A MARGE LE PREOCUPA QUE SU SUEÑO SEA DEMASIADO CARO PARA HACERSE REALIDAD. AL VER LO MUCHO QUE SIGNIFICA PARA ELLA, HOMER SE COMPROMETE A PAGARLE LOS ESTUDIOS... A COSTA DE UN GRAN SACRIFICIO PERSONAL.

«OH, MI NIÑA, TÚ TE LO MERECES TODO. CONSEGUIRÉ DINERO, PERO TENDRÉ QUE TRAGARME EL ORGULLO Y TRABAJAR PARA MI PADRE.»

RAYOS CAÓTICOS

PARA CUMPLIR CON SU PROMESA HOMER DECIDE TRABAJAR PARA SU PADRE.

VAYA, VAYA, VAYA... MIRA QUIÉN HA VUELTO ARRASTRÁNDOSE PARA TRABAJAR PARA SU VIEJO.

¿PARA QUÉ NECESITAS EL DINERO?

NO ES COSA TUYA. DAME TRABAJO, SI NO TE IMPORTA.

A HOMER LE RESULTA ENORMEMENTE TEDIOSO SU NUEVO TRABAJO...

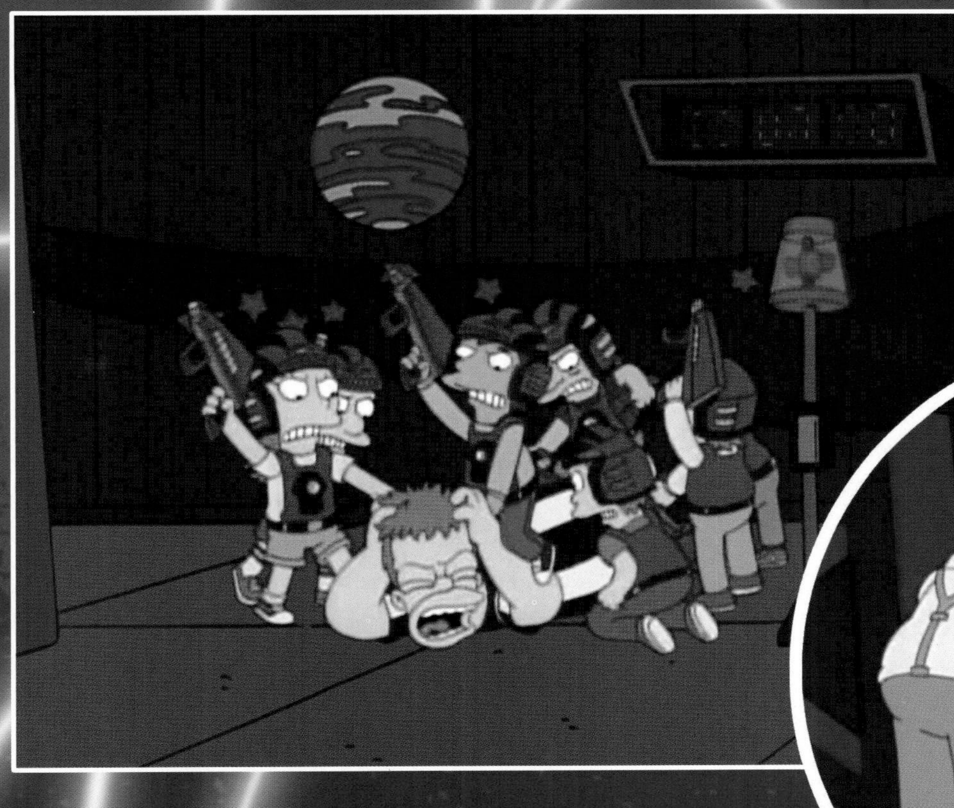

...Y ESO, EN LOS MEJORES MOMENTOS.

ESO CUENTA COMO EL ALMUERZO.

UNIVERSITARIA

EL PRIMER DÍA DE MARGE EN LA UNIVERSIDAD DE SPRINGFIELD ES TODO ASOMBRO Y DESCUBRIMIENTO.

«¡ES IGUAL QUE EN EL FOLLETO!»

«HOJAS DE OTOÑO.»

«GRUPITOS CHARLANDO.»

«MIEMBROS DE FRATERNIDAD CON SUS GORRITOS.»

Y CUANDO VA A SU PRIMERA CLASE DE HISTORIA CULTURAL, MARGE HACE EL DESCUBRIMIENTO MÁS MARAVILLOSO DE TODOS...

Profesor Stefane August

«¡ESTO ME VA A GUSTAR, SEGURO!»

LOS PROBLEMAS CRECEN

HOMER VA A VER A MARGE AL CAMPUS, Y ESTA LE CUENTA TODOS LOS NUEVOS SENTIMIENTOS QUE HA DESPERTADO EN ELLA LA FACULTAD.

«MI MENTE SE HA ABIERTO EN TANTOS SENTIDOS. ¿SABÍAS QUE TODOS LOS PRESIDENTES HAN SIDO BLANCOS Y HETEROSEXUALES?»

«¿INCLUSO WALT DISNEY?»

Y CUANDO CUBRE DE ELOGIOS AL PROFESOR AUGUST, HOMER RÍE SIN MÁS.

«¿QUIÉN ES? ¿UNA RATA DE BIBLIOTECA?»

– HOMER

«NO EXACTAMENTE.»

CONFORME PASAN LOS DÍAS, SE ABRE UN ABISMO EN LAS VIDAS ANTES FELICES DE LA PAREJA. PARECEN CRECER EN DIRECCIONES OPUESTAS, Y NINGUNO SABE QUÉ HACER.

UNA VUELTA DE TUERCA

ANTE SU CAOS VITAL HOMER DA UN GIRO.

«NUESTRO ARMONIOSO RYTHM N' BLUES NO TIENE SENTIDO EN ESTE MUNDO CRUEL. LLEVARÉ NUESTRA MÚSICA A UN NUEVO NIVEL.»

PRESENTA EL G.R.U.N.G.E*

*ROCK GUITARRERO CARGADO DE ENERGÍA NIHILISTA GRUNGE

CANALIZA TODAS SUS FRUSTRACIONES A TRAVÉS DE LA MÚSICA.

«SOMOS DOLORGASMO, Y ESTA CANCIÓN SE TITULA "POLÍTICAMENTE INCORRECTO".»

♫ EL DOLOR ES MARRÓN, EL ODIO ES BLANCO.
EL AMOR ES NEGRO, Y NO ESTOY MANCO.
¡REINO DE APATÍA! ¡ARMARIO DE PEREZA!
¡EL AMOR ES UNA TONTERÍA! ¡LOS BESOS SON VILEZA! ♪

A MARGE LE SORPRENDE QUE LA MÚSICA DE HOMER SEA TAN COLÉRICA Y AMARGA.

«¿Y POR QUÉ ESTOY RABIOSO Y AMARGADO? ¿PORQUE ESTOY PAGANDO PARA QUE LE PONGAS OJITOS A UN PROFE ARREBATADOR?»

– HOMER

LA RUPTURA

CON LAS EMOCIONES A FLOR DE PIEL, MARGE Y HOMER TIENEN SU PRIMERA PELEA.

«YO TAMBIÉN TE DIRÉ ALGO. ¿POR QUÉ VOY A SEGUIR CON UN HOMBRE QUE NO ME DEJA FLORECER?»

VOZ SARCÁSTICA

«SI ESO ES LO QUE PIENSAS, BÚSCATE A OTRO QUE QUIERA CULTIVARTE UN NUEVO YO. UN HOMBRE MAYOR QUE YO, Y MÁS REFINADO. QUE PUEDA LLEVARTE A EUROPA DE VACACIONES EN VERANO.»

– HOMER

«POR MÍ ESTUPENDO.»

Y EN ESAS MARGE Y STEFANE SE VAN SOBRE RUEDAS.

CON TODO, SER ESTRELLA DE ROCK TIENE SUS VENTAJAS...
«¿ME FIRMAS EN LAS BUGUIS?»
VUELVE MARGE
...PERO HOMER ESTÁ DEMASIADO TRISTE PARA DISFRUTARLAS.

SIGUE LA LUCHA

♩ LOS AMIGOS INSISTEN EN LA APATÍA. AFÉITAME CON TU IRONÍA.

♫ ¡AFÉITAME! ¡AFÉITAME! ¡AFÉITAME! ♪

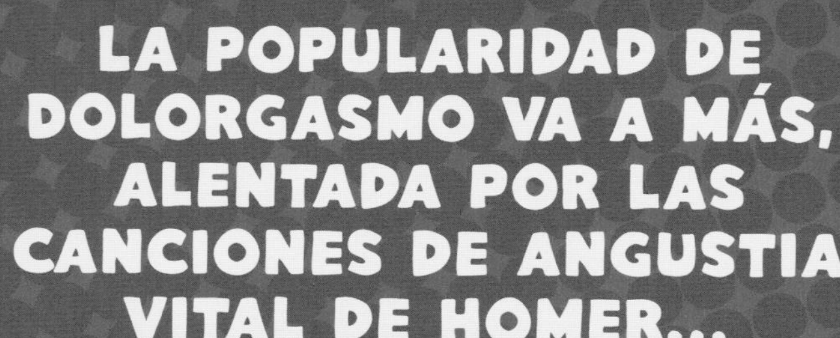

LA POPULARIDAD DE DOLORGASMO VA A MÁS, ALENTADA POR LAS CANCIONES DE ANGUSTIA VITAL DE HOMER...

...MIENTRAS MARGE SE CONGRACIA CON SU ENCANTADOR PROFESOR.

«QUIERO TU SABIDURÍA DENTRO DE MÍ.»

– MARGE

«MARGE, ¿PUEDO BESAR TU BOCA CON MI BOCA?»

– PROF. AUGUST

STEFANE EMPIEZA A CORTEJAR A SU ALUMNA EMBELESADA.

EL MAESTRO y MARGIE

PERO MARGE NO TARDA EN HARTARSE DE LOS AIRES QUE SE DA STEFANE. CUANDO LE CONFIESA QUE ALGÚN DÍA LE GUSTARÍA CASARSE...

«AH, MARGE, POR AFIRMACIONES COMO ESA SE PIENSA QUE LAS MUJERES SON ESTÚPIDAS. PUEDO PARECER CRUEL, PERO SOLO QUIERO AYUDARTE A EVOLUCIONAR.»

...LA PSEUDOFILOSOFÍA PETULANTE DE STEFANE LA LLEVA AL LÍMITE DE SU PACIENCIA.

«¡EVOLUCIONA TÚ, PROFESOR MEMO! ¡O DEBERÍA HABER DICHO PROFESOR ADJUNTO MEMO!»

HOMER SOLUS

MIENTRAS, HOMER ALCANZA EL SUEÑO DE TODA ESTRELLA DE ROCK: ODIAR LA FAMA. SE PASA LOS DÍAS ENCERRADO EN EL CUARTO, DEVORANDO PIZZAS Y BREBAJES CON CAFEÍNA.

«¿POR QUÉ NO SOY FELIZ? SOY EL CANTANTE GRUNGE QUE MÁS VENDE DE DISCOS MOCO.»

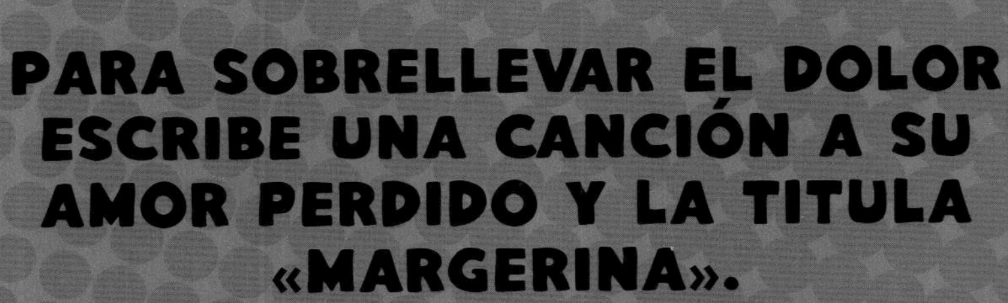

PARA SOBRELLEVAR EL DOLOR ESCRIBE UNA CANCIÓN A SU AMOR PERDIDO Y LA TITULA «MARGERINA».

La tortita de mi corazón he untado.

costeé sus sueños y me enseñó a llorar...

¡No puedo creer que no seas mía!

Quiero a una chica sencilla de supermercado. ♫

...como cuchillos acuosos, como gotas de lluvia. ♪

¡margerina! ¡¡margerina!! ¡¡MARGERINA!! ♫

CUANDO MARGE VE EL VIDEO DE «MARGERINA» DE HOMER, SE DA CUENTA DE SU ERROR.

«ME SIGUE QUERIENDO, DESPUÉS DE TODO LO QUE HE HECHO.»

CE DE NOTICIAS VIENE UMPIR LA REVELACIÓN.

RUMPIMOS ESTE ABURRIDO A OFRECEROS UNA IMPACTANTE **ORGASMO**, EL GRUPO PIONERO SE HA SEPARADO. SU SOLITARIO HOMER SIMPSON, SE HA DO EN SU MANSIÓN, MIENTRAS MORES DE UNA ADICCIÓN A LAS S FUERA DE CONTROL.»

AL RESCATE

MARGE VUELVE CORRIENDO CON HOMER Y LO ALEJA DE LAS DROGAS. LO CUIDA...

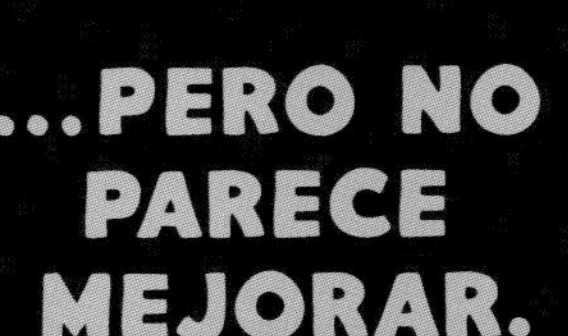

...PERO NO PARECE MEJORAR.

MÁS TARDE MARGE SE ENTERA DE QUE LA DROGA QUE LE QUITÓ ERA INSULINA, NO HEROÍNA.

«ME HABÍA VUELTO DIABÉTICO POR TOMAR DEMASIADOS FRAPUCCINOS.»

– HOMER

MARGE LE PIDE A HOMER QUE LA PERDONE...

«HOMIE, ME DEJÉ CAUTIVAR TANTO POR EL MUNDO UNIVERSITARIO QUE OLVIDÉ LO IMPORTANTE QUE ERA TU AMOR. ¿CREES QUE PODRÁS PERDONARME ALGUNA VEZ?»

VUELVEN A SER UNA PAREJA FELIZ.

MARGE Y SUS HERMANAS

CON LA RELACIÓN DE NUEVO ENCARRILADA, HOMER Y MARGE SE PROPONEN RECUPERARSE ECONÓMICAMENTE.

PARA AHORRAR, MARGE VUELVE AL HOGAR FAMILIAR.

«NO SÉ QUÉ LE VES A ESA HORRIBLE ALBÓNDIGA. SI LO QUE TE GUSTA ES JUGAR CON ALGO GORDO Y PEREZOSO, TE REGALO UN GATO. AL MENOS DEJARÍA MENOS PELOS SOBRE EL SOFÁ.»

EL PISITO

HOMER SE QUEDA CON SU AMIGO BARNEY...

«PASA LA MASA DE CROQUETAS.»

...DONDE AMBOS AMIGOS PASAN LOS DÍAS EN NOBLES PROPÓSITOS.

«DESEMPOLVAD VUESTRAS FALDAS HULA-HULA. ME TEMO QUE HA HABIDO UN ASESINATO EN HAWÁI.»

¡AUUU!

¡UNGA! ¡UNGA!

Miércoles 16.00 17.00

6 Los Ángeles de Harley – Serie/Morbo 1 hora
A la hora aloha los ángeles se desgarran las faldas de rafia para resolver un asesinato en Hawái.

... voladoras – Comedia 2 horas
... inadaptados se une a... ... más tortitas

DE VUELTA AL TAJO

TRAS GASTAR TODO LO GANADO CON DOLORGASMO EN LAS FACTURAS DEL HOSPITAL, CADA MIEMBRO DE LA JOVEN PAREJA CONSIGUE TRABAJO EN SENDOS LUGARES DE MODA DE SPRINGFIELD.

MARGE SACA ALGÚN DINERO TRABAJANDO DE CAMARERA SOBRE RUEDAS EN EL BURGER BERGER'S.

Y HOMER SE INTERNA EN EL ESTIMULANTE MUNDO DEL MINIGOLF.

«HOMER, GIRAS LAS ASPAS MUY DEPRISA. VE MÁS DESPACIO, LOS GOLFISTAS SE QUEJAN.»

INCLUSO ASPIRA A UN PUESTO DE ENCARGADO.

«SIGUE ASÍ Y ALGÚN DÍA SERÁS EL ENCARGADO DE REPARTIR LOS PALOS DE GOLF.»

MARGE Y HOMER ENTRAN EN UNA FELIZ RUTINA DE CITAS.

DESDE EL PUTT-A-LOT'S CON AMOR

PERO UNA NOCHE LOS TORTOLITOS ACABAN ANIDANDO EN EL OBSTÁCULO DEL CASTILLO DEL MINIGOLF...

«ALGÚN DÍA, MI PRINCESA, TE COMPRARÉ UN CASTILLO.»

...Y EN ESE ESPACIO ÍNTIMO SU PASIÓN ALCANZA COTAS ESTRATOSFÉRICAS...

...Y MARGE Y HOMER LLEVAN SU RELACIÓN AL SIGUIENTE NIVEL.

AL PARECER, LOS MINIGOLFISTAS NO SON LOS ÚNICOS CON SUERTE ESA NOCHE.

Recuerdo

DEL SIR PUTT-A-LOT'S
PARQUE DE ATRACCIONES

¡PARTIDA GRATIS POR CADA HOYO EN UNO!

M.B. LLAMA A HOMER

EN LAS SEMANAS SIGUIENTES MARGE EMPIEZA A NOTAR CIERTOS..., CÓMO DECIRLO, «CAMBIOS».

«BUENO, SIENTO LAS MISMAS NÁUSEAS, Y TENGO EL MISMO ANTOJO DE SARDINAS.»

– MARGE

LLAMA A HOMER PARA EXPLICARLE LO DELICADO DE LA SITUACIÓN.

«TIENES QUE VENIR CONMIGO AL MÉDICO, HOMER. BUENO, AQUELLA NOCHE INOLVIDABLE... EN EL CLUB DEL CASTILLO...»

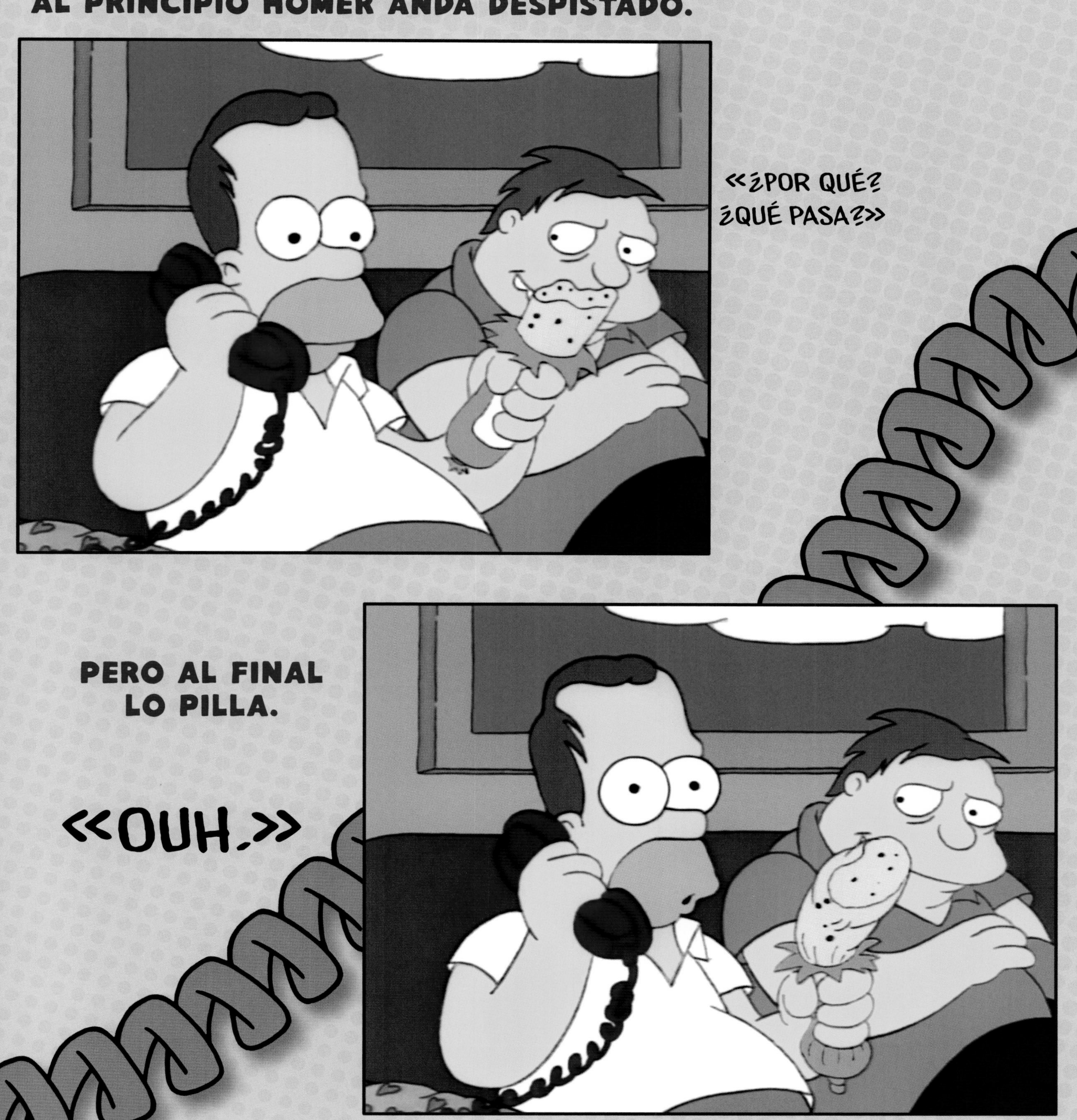
AL PRINCIPIO HOMER ANDA DESPISTADO.
«¿POR QUÉ? ¿QUÉ PASA?»
PERO AL FINAL LO PILLA.
«OUH.»

BEBÉ A BORDO

TRAS EXAMINAR A MARGE, EL DR. HIBBERT LES DA UNA NOTICIA INESPERADA.

«BIEN, SEÑORITA BOUVIER, CREO QUE HEMOS ENCONTRADO LA RAZÓN POR LA QUE HA ESTADO VOMITANDO ESTAS MAÑANAS. ENHORABUENA.»

¡OUH!

«OH, CIELOS.»

INCLUSO LES DA UN PANFLETO MUY ÚTIL.

ACABAS DE CHAFARTE LA VIDA

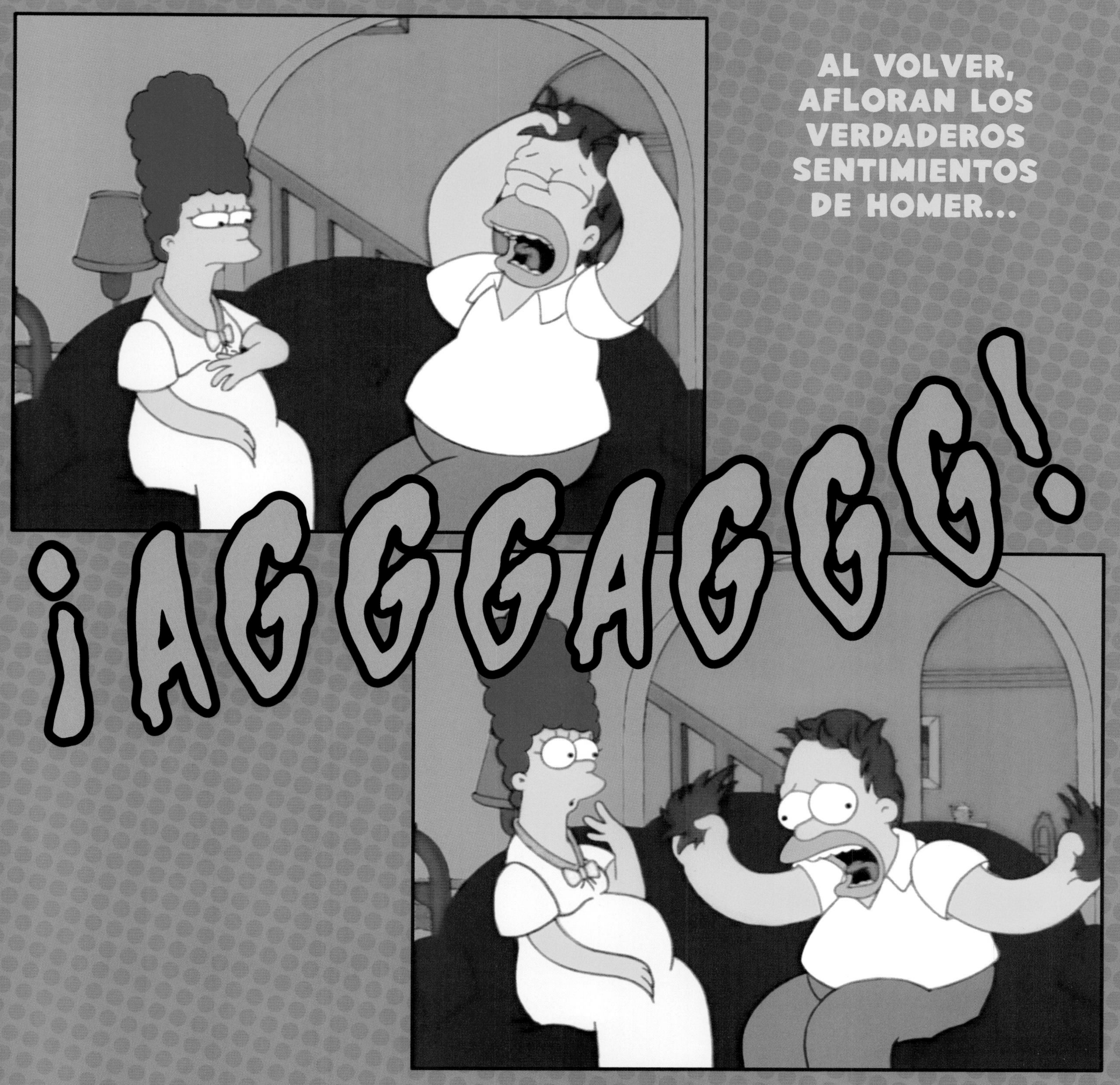

Homer: 0	Alopecia: 1

LOS PUNTOS SOBRE LAS ¡OUH!

EL PADRE DE HOMER LE DEJA CLARO LO QUE TIENE QUE HACER.

«TU OBLIGACIÓN ES CASARTE CON ELLA.»
«¿PORQUE ESO ES LO MÁS DECENTE?»
¡NO!
«¡PORQUE NO ENCONTRARÁS NINGUNA MEJOR!»

«¡TODOS LOS GOLFOS
TIENEN SUERTE!
EL PEZ HA SALTADO
A TU BARCA Y TÚ SOLO
TIENES QUE SACUDIRLE
CON EL REMO.»

UNA SENSATEZ SORPRENDENTE.

UNA PROPOSICIÓN SEMIDECENTE

HOMER LLEVA A MARGE AL MIRADOR PARA ENSEÑARLE LAS LUCES DE SPRINGFIELD. EL SUAVE RESPLANDOR DE LAS TORRES DE REFRIGERACIÓN DE LA PLANTA NUCLEAR ENCANDILA EL AMBIENTE.

QUIERE HACERLE UNA PREGUNTA, PERO TIENE MIEDO. LE PREOCUPA HUNDIRSE EN LA MISERIA SI LE DICE QUE NO.

«BUENO, ÚLTIMAMENTE NO SUELO NEGARTE NADA.»

– MARGE

«¿Y LA CHULETA? ESCRIBÍ TODO LO QUE QUERÍA DECIRTE EN UNA TARJETA. DEBIÓ CAERSE DE MI BOLSILLO.»

«¿ES ESTA?»

«¿QUÉ PONE?»

GANARSE EL SÍ

AL LEER LO QUE LE HA ESCRITO, LA TERNURA DE HOMER LA DESARMA.

MARGE, DESDE EL MISMO
MOMENTO EN QUE TE VI NO
HE VUELTO A QUERER ESTAR CON
NADIE MÁS. NO TENGO MUCHO QUE
OFRECERTE, SALVO TODO MI AMOR,
QUE NO ES POCO.
QUIERO QUE SEAS MI ESPOSA.

PESE AL CONTONEO TRASERIL DE HOMER, MARGE ESTÁ ENCANTADA.

«OH, HOMER, ESTE ES EL MOMENTO MÁS HERMOSO DE MI VIDA.»

«¡SÍ, ME CASARÉ CONTIGO!»

– MARGE

«¡WOO-HOO! ¡MARGE VA A CASARSE CONMIGO! ¡A CHINCHARSE TODO EL MUNDO!»

– HOMER

COMO GRASA AL DEDO

RECIÉN PROMETIDOS, HOMER Y MARGE SE ENCAMINAN A LA JOYERÍA MÁS ELEGANTE DE SPRINGFIELD...

...DONDE LA FELIZ PAREJA BUSCA UN ANILLO DE COMPROMISO.

SECO DE GUITA PERO LLENO DE AMBICIÓN, HOMER VE EL EJEMPLAR IDEAL.

«BUENO, PUES QUIERO ESTA SORTIJA.»

– HOMER

«SÍ, SEÑOR. ¿CÓMO PIENSA PAGARLA?»

«NO LO SÉ.»

CAMINO DEL ALTAR

HOMER Y MARGE CONDUCEN HASTA UNA PINTORESCA CAPILLA NADA MÁS PASAR LA FRONTERA.

«OOOH... ESTÁ ABIERTO LAS 24 HORAS. ES UNA BUENA SEÑAL.»

«CEREMONIA MÍNIMA, VEINTE PAVOS. TENGA SU LICENCIA. ASEGÚRENSE DE SELLARLA CADA VEZ.»

«LA DÉCIMA BODA ES GRATIS.»

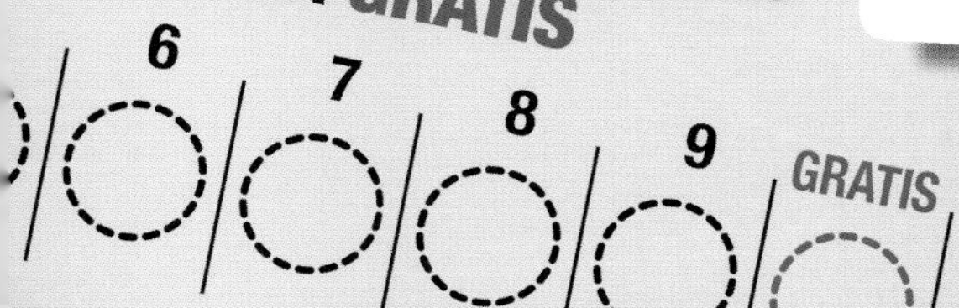

A QUEMARROPA

«HOMER, ES VERDAD QUE MENTIRÍA SI DIJERA QUE ESTA ES LA BODA DE MIS SUEÑOS. PERO TÚ SÍ QUE ERES EL MARIDO DE MIS SUEÑOS.»

– MARGE

«MARJORIE BOUVIER, ¿ACEPTAS A HOMER J. SIMPSON COMO LEGÍTIMO ESPOSO? HOMER, LA MISMA COSA, PERO AL REVÉS.»
«ACEPTO.»
«ACEPTO.»

«ENTONCES, POR LOS PODERES QUE ME CONFIERE LA COMISIÓN ESTATAL DEL JUEGO, OS DECLARO MARIDO Y MUJER. TENED, DIEZ DÓLARES EN FICHAS...»
«PUEDES BESAR A LA NOVIA.»
¡OTRO!
SHOTGUN PETE'S
CAPILLA 24 HORAS

ABE VS AVE

EN LA BODA ABE LE DA A LA JOVEN PAREJA UN GENEROSO REGALO PARA EMPEZAR LA NUEVA VIDA.

«HOMER, QUIERO HACERTE UN REGALO
CON MOTIVO DE TU BODA.
NO ES QUE SEA GRAN COSA,
PERO ES TODO LO QUE TENGO.»

«ES UN DETALLE
MUY BONITO.»
¡CRAA!
LA FAUNA LOCAL,
SIN EMBARGO, TIENE
OTROS PLANES.
¡CRAA!
«TE LO HE DADO TODO
Y AUN ASÍ NO
HA SIDO SUFICIENTE.»

la LUNA DE MIEL

TRAS LA CEREMONIA LOS RECIÉN CASADOS CONTEMPLAN LAS VISTAS...

«BUENO, SIENTO SER UN AGUAFIESTAS PERO TENGO QUE VOLVER AL TRABAJO.»

...DE UNA VALLA PUBLICITARIA AL LADO DEL VERTEDERO DE SPRINGFIELD.

NO HAY MEJOR SINÓNIMO DE «RECIÉN CASADOS» QUE VOMITAR EN UN CUBO.

MALA RECEPCIÓN

HOMER SE SIENTE FATAL POR LO POCO ROMÁNTICO DE LA BODA. INTENTA COMPENSAR A MARGE LLEVÁNDOLA A UN BAR DE CARRETERA DE LA INTERESTATAL.

«¿VES? NO HACE FALTA GASTAR MUCHO DINERO PARA CELEBRAR UN BANQUETE NUPCIAL DE PRIMERA.»

SU GUSTO EN TARTAS DEJA QUE DESEAR PERO A MARGE NO PARECE IMPORTARLE.

¡CURIOSIDADES FAMILIARES!

MARGE Y HOMER TUVIERON MÁS AVENTURAS EN LA LUNA DE MIEL PERO LA INFORMACIÓN NOS LLEGA SESGADA PORQUE LOS DETALLES DE LOS ACONTECIMIENTOS ESTÁN BAJO SECRETO DE SUMARIO. LO ÚNICO QUE QUEDA ES UNA FOTO FAMILIAR.

DOCUMENTOS OFICIALES REVELAN QUE TUVIERON QUE PAGAR 68.000$ EN DAÑOS Y PERJUICIOS.

EL DÍA ACABA CON LOS DOS RECIÉN CASADOS VOLVIENDO A CASA PARA PASAR SU PRIMERA NOCHE JUNTOS.

«QUÉ DÍA TAN PERFECTO.»

- MARGE

«ESTA ES NUESTRA PRIMERA NOCHE COMO MARIDO Y MUJER.»

- HOMER

«¡EH, TÓRTOLOS, MÁS BAJITO!»

- PATTY

PRONTO COMPRENDEN QUE VIVIR CON LA FAMILIA DE MARGE TIENE SUS DESVENTAJAS.

EN UN ESFUERZO POR SACAR ALGO DE DINERO, HOMER Y BARNEY PARTICIPAN EN UN CONCURSO DE TALENTOS. LOS RESULTADOS OS LOS PODÉIS IMAGINAR...
¡GONG!
¡GONG!
«NOS CONCEDIERON MÁS GONGS QUE AQUEL ROBOT BAILARÍN QUE SE PRENDIÓ FUEGO.»
– HOMER

ESO LO EXPLICA TODO...

EN LA BOTADURA DE UN BARCO EN EL PUERTO DE SPRINGFIELD UNA EMBARAZADA MARGE BEBE SIN QUERER UNA GOTA DE CHAMPÁN...

«BAUTIZO ESTE BUQUE, EL U.S.S. FLOTA-Y-DISPARA.»

...QUE SENTENCIA AL NONATO A UNA VIDA DE MALIGNIDAD.

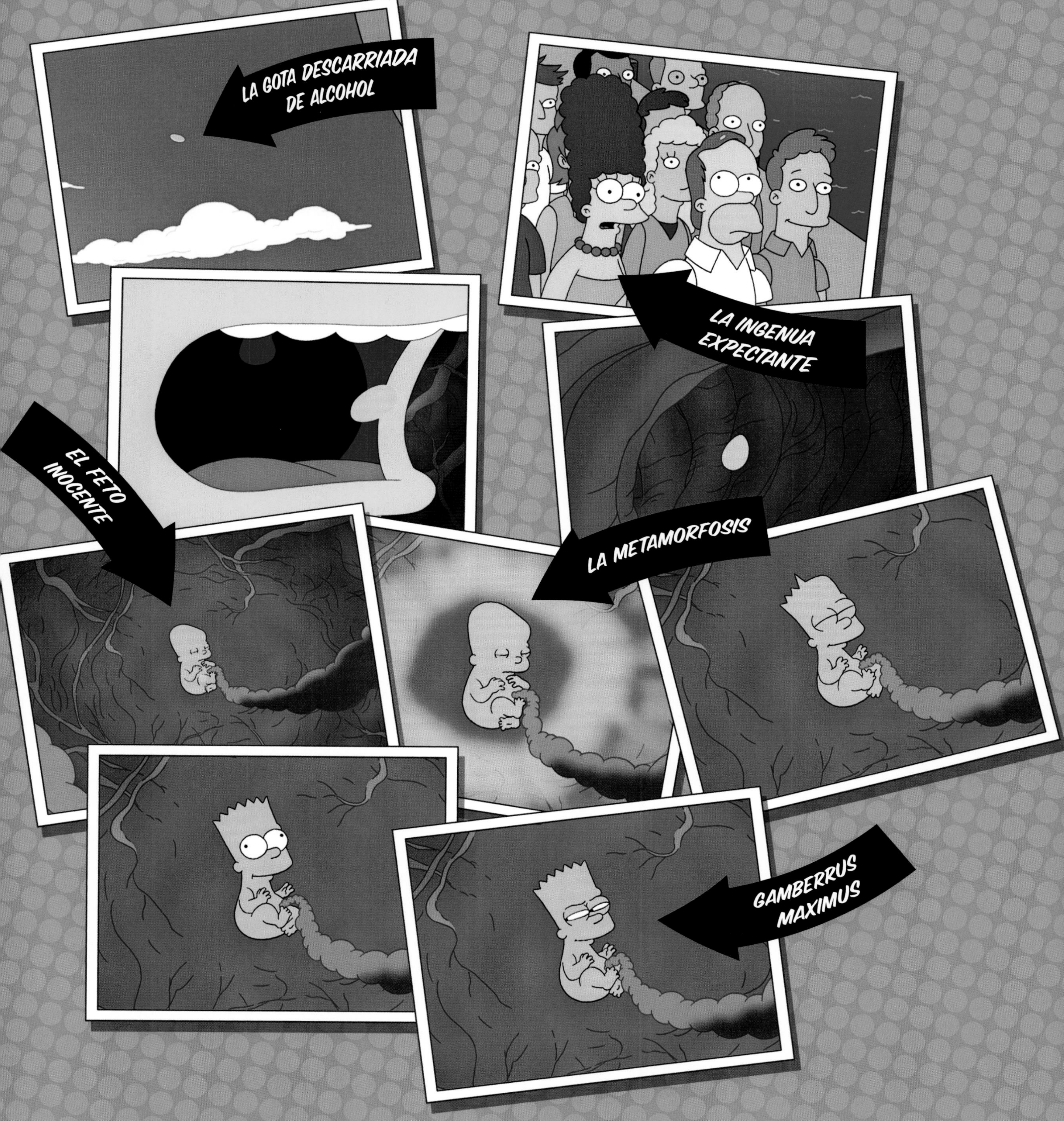
LA GOTA DESCARRIADA DE ALCOHOL
LA INGENUA EXPECTANTE
EL FETO INOCENTE
LA METAMORFOSIS
GAMBERRUS MAXIMUS

ULTRAPARDILLOS

COMO PARTE DE LOS CUIDADOS PRENATALES DE MARGE, EL DR. HIBBERT UTILIZA LA ÚLTIMA TECNOLOGÍA PARA SACAR UNA IMAGEN DEL CRÍO.

«HMMM...»

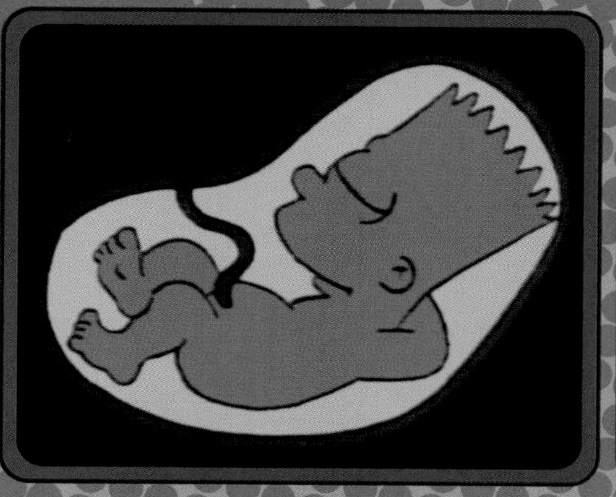
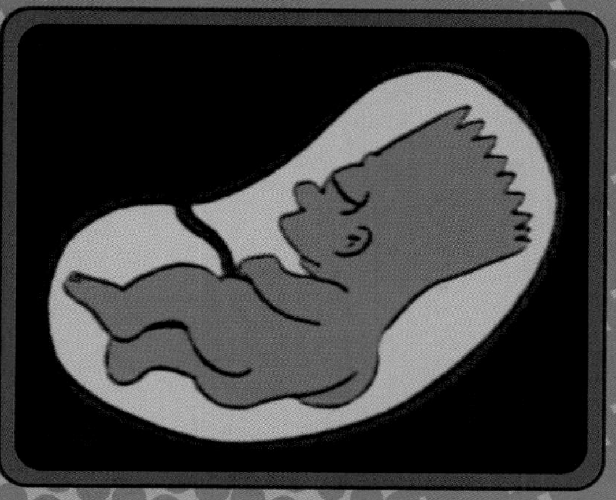
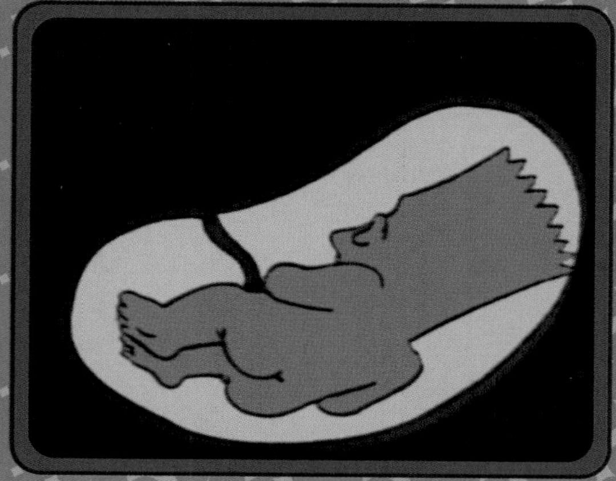

EL FETO LE DEDICA UNA POSE OBSCENA AL JOVEN MÉDICO.

«SI NO TUVIERA EXPERIENCIA,
PENSARÍA QUE QUIERE DARNOS EL CULO.»

BABY BOMBO

A HOMER SE LE VA DE LAS MANOS Y LLENA EL CUARTO DEL NIÑO CON TODO LO QUE PUEDE NECESITAR.

CUANDO MARGE CALCULA LOS GASTOS, COMPRENDE QUE LAS CUENTAS NO CUADRAN.

«NO CREO QUE PODAMOS PERMITIRNOS CAPRICHITOS CON TU SUELDO.»

«¿POR QUÉ NO VAS A PEDIR TRABAJO A LA CENTRAL NUCLEAR? DICEN QUE PAGAN BASTANTE BIEN.»

HOMER PROMETE IR A HACER UNA ENTREVISTA A LA CENTRAL AL DÍA SIGUIENTE.

LA ENTREVISTA EN LA CENTRAL NO VA MUY BIEN.

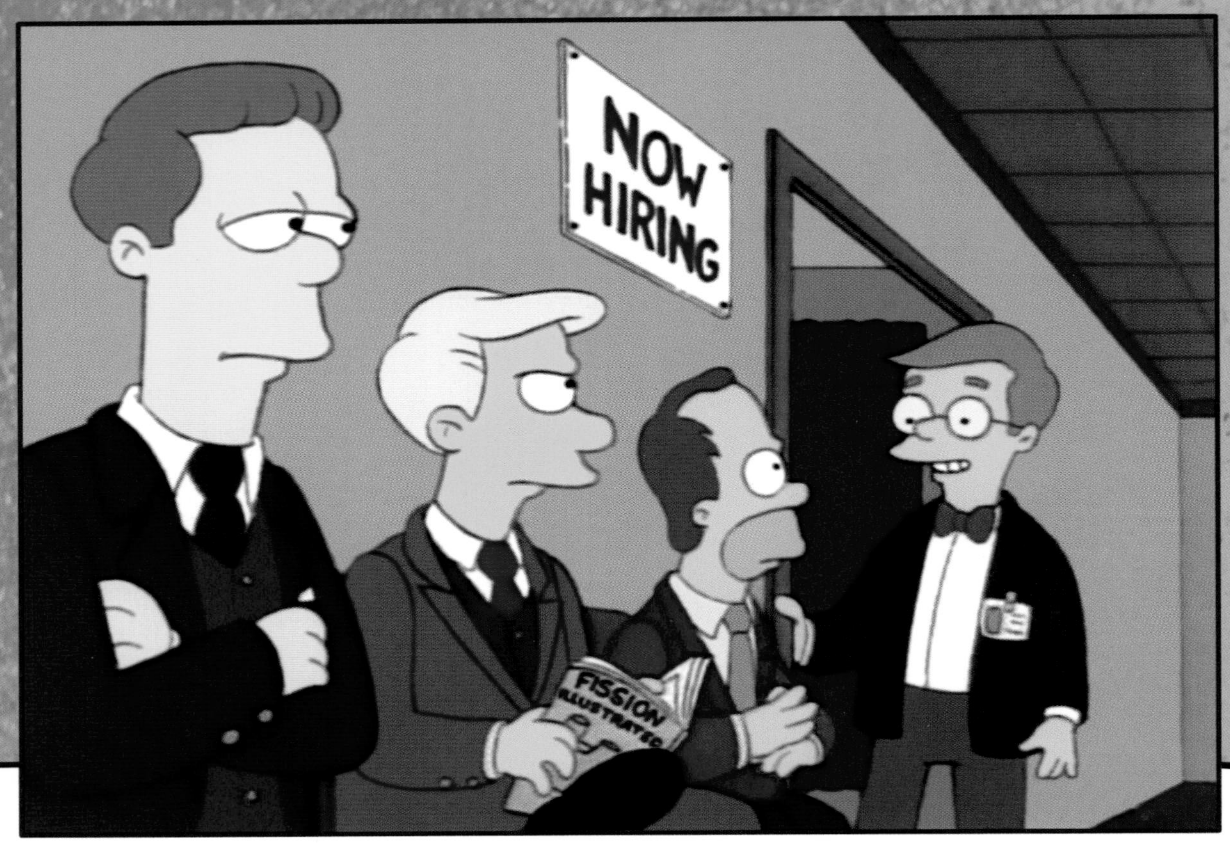

EVALUACIÓN DE CANDIDATOS

PREGUNTA 1: ¿CUÁL DIRÍA QUE ES SU PUNTO DÉBIL?

«EL MÍO QUE TRABAJO EN EXCESO.»

«YO, QUIZÁ, QUE ME EXIJO DEMASIADO.»

«PRIMERO, QUE TARDO MUCHO EN APRENDER CUALQUIER COSA. SEGUNDO, QUE SOY DESPISTADO. TERCERO, QUE EN CUANTO LLEGO YO, EMPIEZAN A DESAPARECER COSAS.»

UN HOMER ALICAÍDO VUELVE A CASA DE LOS BOUVIER Y LES CUENTA LA MALA NUEVA.

«NO CONSEGUÍ EL EMPLEO. QUERÍAN A ALGUIEN INTELIGENTE. SIEMPRE EL MISMO ROLLO.»

LE HACE UNA PROMESA A SU HIJO NONATO.

«CHICO, NO TE VOY A DEFRAUDAR, TE LO JURO. CUANDO SALGAS DE AHÍ, LO PRIMERO QUE VAS A VER ES A UN HOMBRE QUE TIENE UN EMPLEO GRANDE.»

«SÍ, AL MÉDICO.»

– PATTY

EN LAS SEMANAS SIGUIENTES HOMER PRUEBA SUERTE EN TODO TIPO DE TRABAJOS.

YE OLDE
CANDLEMAKER
SHOPPE

«VAYA UNA BIRRIA DE VELA. ME HA ARRUINADO LAS VACACIONES.»

PRIMERO EN EL CASCO ANTIGUO DE SPRINGFIELD, EN UNA ATRACCIÓN TURÍSTICA DONDE HACE LLORAR A LOS NIÑOS SIN QUERER.

NO TARDAN EN DESPEDIRLO, AUNQUE ANTES LOS NIÑOS SE TOMAN LA REVANCHA.

LAS COSAS EN LA ESCUELA CANINA VAN CASI TAN BIEN COMO PODÉIS IMAGINAR.

«¡DIMITO! ¡DIMITO!»

– HOMER

«¿NO DECÍA QUE LE GUSTABAN LOS PERROS?»

VENCIDA
SEGUNDO AVIS
PESE A TODOS SUS ESFUERZOS, LAS FACTURAS SIGUEN AMONTONÁNDOSE.
HASTA QUE UN DÍA
EL EMBARGADOR
HACE SU APARICIÓN.
REPO DEPOT
«VENGO A LLEVARME LO DEL BEBÉ. ES UNA CUNA, RADIOTRANSMISOR, CARRITO...»

«...Y ME TEMO QUE ESA SORTIJA, TAMBIÉN.»
MARGE ESTÁ DESOLADA PERO ENTREGA EL ANILLO.
REPO DEPOT
«CADA VEZ QUE TENGO QUE EMBARGAR ALGO SE ME PARTE EL ALMA, LA VERDAD.»
– AGENTE DE EMBARGOS Nº 21355

HOMER SOLUS

ESA NOCHE HOMER LE ESCRIBE UNA CARTA A MARGE ADMITIENDO SU DERROTA. PROMETE ENVIARLE HASTA EL ÚLTIMO CENTAVO QUE GANE PERO NO VOLVERÁ HASTA QUE PUEDA MANTENERLOS A ELLA Y AL CRÍO.

LE DEJA LA NOTA EN LA MESILLA...

...Y SE PIERDE EN LA NOCHE.

DE LA PLUMA DE ~~PATTY~~ HOMER

QUERIDA MARGE:

CUANDO LEAS ESTO YA ME HABRÉ MARCHADO. TE MERECES TODO LO MEJOR DEL MUNDO Y, AUNQUE PUEDA PROPORCIONÁRTELO, LUEGO VENDRÍAN A EMBARGARLO Y ME PERSEGUIRÍAN COMO A UN PERRO. ADEMÁS, ESTÁ MUY CLARO QUE TU FAMILIA NO ME QUIERE EN ESTA CASA. TE ENVIARÉ CADA CENTAVO QUE GANE PARA EL BEBÉ, PERO NO VOLVERÁS A VERME HASTA QUE ME HAYA HECHO UN HOMBRE.

TE QUIERE,
HOMER

MARGE SE QUEDA DESTROZADA AL LEER LA CARTA.

«VAMOS, QUERIDA… LA SORPRESA ES GENERAL. PENSÁBAMOS QUE ANTES DE ESTO, TE ENGAÑARÍA CON OTRA.»

– PATTY

SALSA SECRETA
BEBE Y ZAMPA
drive thru
PATTY Y SELMA DESCUBREN ALGO ASOMBROSO EN EL BEBE Y ZAMPA.
GULPS
REST ROOM
¡PUAAJJ!
«¡ESTE TACO ESTÁ LLENO DE PELOS!»

«AHÍ TIENES LA EXPLICACIÓN.»

– SELMA

VEN A HOMER TRABAJAR DE APRENDIZ DE DEPENDIENTE.

TODAVÍA NO HA PILLADO EL TEMA DE LA «HIGIENE LABORAL».

HOMBRE DE PALABRA

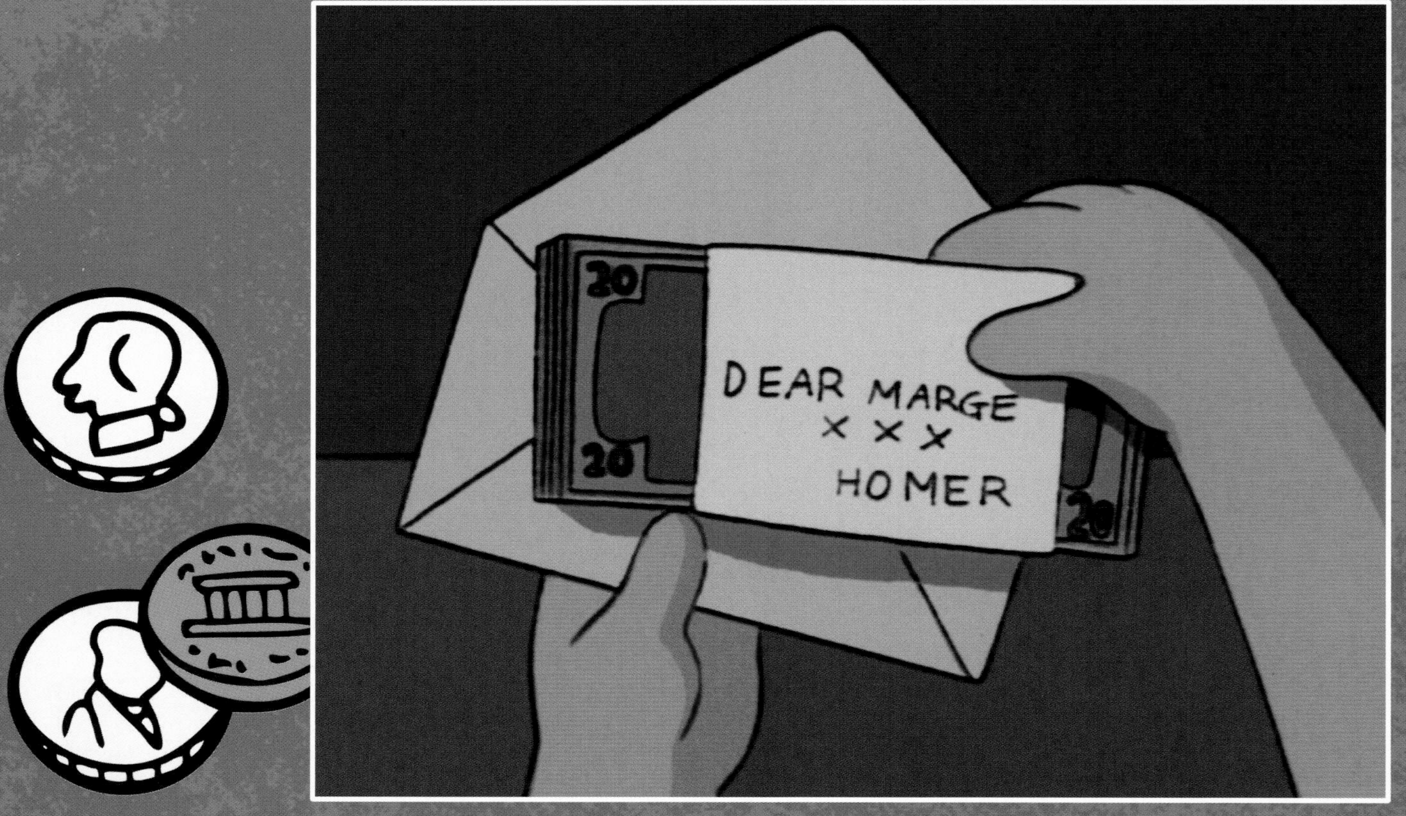

EN LAS SEMANAS SIGUIENTES MARGE RECIBE CON REGULARIDAD CARTAS DE HOMER. NO LE DICE DÓNDE ESTÁ NI QUÉ HACE PERO LE MANDA TODO LO QUE VA GANANDO.

MARGE ESPERA ANGUSTIADA TODAS LAS NOCHES A QUE HOMER VUELVA A CASA.

AL VERLA TAN SOLA, SELMA DECIDE DESCUBRIR EL PASTEL.

LE DICE A SU HERMANA LAS TRES PALABRAS QUE LA CONDUCEN HASTA HOMER...

«BEBE Y ZAMPA.»

AUTORREENCUENTRO

EL TIEMPO NO PARECE PASAR EN EL TRABAJO HASTA QUE HOMER RECIBE UNA VISITA MUY ESPECIAL.

«¿QUÉ DESEA?»

«QUE MI MARIDO VUELVA A MI LADO.»

CUANDO COMPRENDE QUE MARGE HA IDO A VERLO, SE VUELVE LOCO DE CONTENTO.

TRAS SEMANAS SEPARADOS...

...HOMER SABE LO QUE DEBE DECIR.

«¡OH, DIOS MÍO! ¡ESTÁS COMO UNA VACA!»

MARGE LE RUEGA A HOMER QUE VUELVA A CASA.

«NO, MARGE, ESO NO PUEDO HACERLO. PERO MÍRAME, SI NO SOY MÁS QUE UN APRENDIZ. NI SIQUIERA ME HAN CONFIADO LOS INGREDIENTES DE LA SALSA. Y NO PUEDO COMPRARTE UN ANILLO DE BODAS DECENTE.»

«ME DA IGUAL CUALQUIER ANILLO SI ME LO REGALAS TÚ.»

ESAS PALABRAS LE DAN UNA IDEA. METE LA MANO EN LA BOLSA DE AROS DE CEBOLLA...

...Y USA UNO EN UN GESTO DE AMOR.

Y CON ESE SENCILLO ACTO, SU MUNDO VUELVE A TENER SENTIDO.

«¿TE IMPORTA SI ME LO QUITO AHORA? EL ACEITE ME ESTÁ ABRASANDO.»

AL CORREDOR DEL TAJO

ENVALENTONADO POR SU ENCUENTRO CON MARGE, HOMER SE DIRIGE A LA CENTRAL NUCLEAR PARA PEDIR TRABAJO.

NO DEJA QUE NADA SE LE INTERPONGA.

IRRUMPE EN EL DESPACHO DEL DUEÑO Y ESGRIME TODAS LAS RAZONES POR LAS QUE SERÍA UN GRAN EMPLEADO.

«ESCÚCHEME, TODOPODEROSO. SI LO QUE BUSCA ES UN EMPLEADO QUE SE DEJE MANGONEAR Y QUE NO INTENTE NI DEFENDERSE, ¡YO SOY SU HOMBRE! PUEDE TRATARME COMO UNA BASURA Y YO SEGUIRÉ BESÁNDOLE EL TRASERO. Y SI ESO NO LE PARECE BIEN, ¡HASTA PUEDO CAMBIAR!»

ENTREVISTA CON EL VAMPIRO

AL SR. BURNS LE GUSTA LO QUE VE EN EL JOVEN HOMER Y LO CONTRATA EN EL ACTO.

«ME GUSTA SU ACTITUD, DESCARADA PERO COBARDE. BIENVENIDO A BORDO, HIJO.»

– SR. BURNS

«¡TENGO UN EMPLEO! ¡LO HE CONSEGUIDO! ¡SOLO EN AMÉRICA ME DARÍAN UN EMPLEO!»
¡YUUJUU!

CUANDO VUELVE A CASA DE LOS BOUVIER PARA CONTARLES LA BUENA NUEVA, LE CUENTAN QUE MARGE SE PUSO DE PARTO HACE HORAS.

«ANDA. TE LLEVO EN COCHE.»

PADRE DE FAMILIA

CON CONFIANZA RENOVADA, HOMER CORRE A CONTARLE A MARGE LO DE SU NUEVO TRABAJO.

«A partir de mañana, soy técnico nuclear.»

– HOMER

«¡La hecatombe!»

– DR. HIBBERT

POR DESGRACIA, SU CONFIANZA RESULTA ALGO EXCESIVA.

«¡ATRÁS TODOS!
¡YO ME ENCARGO DE MI HIJO!»

«¿POR QUÉ NO ME DEJA A MÍ,
SEÑOR HOMER?»

MARGE DA A LUZ A UN NIÑO PERFECTAMENTE SANO.

«¿NO ES UNA PRECIOSIDAD?»

«CON QUE TENGA OCHO DEDOS EN LAS MANOS Y OCHO EN LOS PIES, PARA MÍ PERFECTO.»

– HOMER

LA PRIMERA TRASTADA DE BART

BART APENAS TIENE DIEZ MINUTOS DE VIDA CUANDO ECHA MANO DEL MECHERO DE HOMER.

«OH, BART. EL ANGELITO DE PAPAÍTO.»

– HOMER

¡VA A EXPLOTAR!

HOMER NO ESTÁ MUY CONTENTO CON LOS RESULTADOS.

«¡LO HA HECHO APOSTA!»

EAST SIDE STORY

CON UN NIÑO
A SU CARGO,
LOS JÓVENES PADRES SE
MUDAN A UN PISO DEL
LOWER EAST SIDE
DE SPRINGFIELD.

«¡MIRA, BART,
ES PAPÁ!»

«¡HOMER!»

«HOMER
SOLO ME LLAMAN
LOS MAYORES. TÚ
LLÁMAME
PAPÁ.»

«¡HOMER!»

«PA-PÁ.»

ES UNA ÉPOCA DE UN ENORME POTENCIAL...

...Y UNA CRIANZA CUESTIONABLE.

PEQUEÑO SALVAJE

PERO PRONTO AMBOS COMPRENDEN QUE EL PEQUEÑO BART ES MÁS BRAVUCÓN DE LO QUE ESPERABAN.

¡YUPI!

¡UOU!

«¡GERÓNIMO!»
¡BART VA!
PERO LA ENERGÍA DE BART ES INFINITA. SUS ENDIABLADAS TRAVESURAS AGOTAN A SUS PADRES Y PONEN A PRUEBA SU PACIENCIA (Y SU RESISTENCIA).
¡UUF!

«TE HE QUITADO LA NARIZ.»
HASTA LOS JUEGOS MÁS SIMPLES PUEDEN DAR UN GIRO INESPERADO EN CUALQUIER MOMENTO.
«¡Y YO TU BILLETERA!»
¡CHUF!

DE TAL PALO,

MARGE NO DA ABASTO CON EL CUIDADO DE UN BEBÉ APESTOSO Y SUCIO.

TAL ASTILLA...

POR SUERTE, HA TENIDO CON QUIEN PRACTICAR.

LA PRIMERA PALABRA

«CRIAR A UNA CRIATURA ES DIFÍCIL... HASTA QUE PENSAMOS EN LA POSIBILIDAD DE APARCARLOS ANTE LA TELE.»

– HOMER

EN BUSCA DE ENTRETENIMIENTO, BART SE CUELA EN EL CUARTO DE SUS PADRES...

«HOMER, OLVIDASTE CERRAR LA PUERTA.»

...DONDE RECIBE UN CURSO ACELERADO SOBRE PAJARITOS Y ABEJITAS.

Primer aniversario

MARGE Y HOMER CELEBRAN EL PRIMER AÑO DE CASADOS CON UN VIAJE AL SPRINGFIELDE GLENNE (UN POMPOSO NOMBRE PARA UN CENTRO COMERCIAL).

«NUESTRO PRIMER ANIVERSARIO. Y MÁS ENAMORADOS QUE NUNCA.»

– MARGE

«¡AHÍ LO TIENEN, LOS QUE DECÍAN QUE NO DURARÍAMOS NI UN AÑO!»

– HOMER

LA PATERNIDAD HA PASADO FACTURA A SU VIDA AMOROSA. NUNCA TIENEN UN MINUTO A SOLAS.

BART SE ENCARIÑA CON UN MANIQUÍ DE LOS ALMACENES COSTINGTON.

«¡GRRR! ¿ES QUE EL NIÑO NUNCA APRENDERÁ A COMPORTARSE?»

HASTA LOS BESOS CLANDESTINOS SE INTERRUMPEN CON LAS RISOTADAS DE LOS COMPRADORES.

The Learning Place

K-SPORT

¡JA! ¡JA!

NED FLANDERS, UN LUGAREÑO, SE OFRECE PARA CUIDAR DEL BEBÉ...

...CON RESULTADOS DISPARES.

«Papi bigote buen papi. Papi gordo oler a cerveza.»

– BEBÉ BART

MARGE Y HOMER SE MONTAN EN EL TRENECITO DEL CENTRO COMERCIAL, QUE A PARTIR DE ENTONCES SE CONVERTIRÁ EN SÍMBOLO DE SU AMOR.

LI'L
LISA

EL PASEO NO SOLO PERMITE A LOS TORTOLITOS UN MOMENTO DE «RELAX», TAMBIÉN SERVIRÁ DE INSPIRACIÓN PARA EL NOMBRE DE SU NUEVA HIJA.

«ESPERA... ¿ME PUSIERON EL NOMBRE DE UN TREN?»

– LISA

«SÍ, COMO LO HICIMOS CON BART.»

– HOMER

B.A.R.T.
BILLETE DE ACCESO RÁPIDO AL TREN

BART SALE EN EL ANUNCIO DE «BEB APESTALIENTO»

APERT.: Un bonito día en el parque...

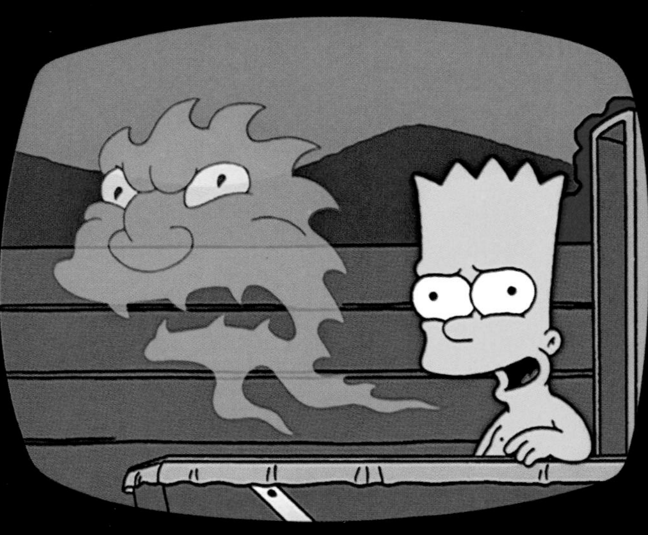

BART: (risa diabólica)

¡Es el nene que huele,
huele a putrefacto
Poneos a cubierto
Es Bebé
Apestaliento!

(SINTONÍA)

MADRE: (Voz en off)...dejando su ARN intacto!

ANCIANA: ¡Adiós a Bebé Apestaliento!

ANCIANA: Qué hermoso bebé tienes...

ANCIANA: (¡Guaj!)
¡Cómo le apesta el aliento!

MADRE: ¡Gracias al sistema
triparche de Bebé Tan Fresco!

MADRE: (Voz en off) ¡Estos parches tienen
sustancias que alteran el ADN de su bebé...

BEBÉ: (risa feliz)

(OFF): No usar en menores de 2 años.

PAUSA EMBARAZOSA

MARGE COMPARTE CON SU MARIDO UNA NOTICIA MARAVILLOSA.

«DENTRO DE POCO HABRÁ EL DOBLE DE AMOR EN ESTA CASA DEL QUE HAY AHORA.»

«¿VAMOS A HACERLO TAMBIÉN POR LAS MAÑANAS?»

«NO, VAMOS A TENER OTRO BEBÉ.»

«¿¡OTRO BEBÉ!?»

¡¡AGGGGAGGGG!!

NO SE LO TOMA TAN BIEN COMO
HABÍA ESPERADO.

Homer:0	Alopecia:2

CAZACASAS

AL COMPRENDER QUE EL PISO SE QUEDA PEQUEÑO PARA LA FAMILIA EN AUMENTO, HOMER Y MARGE SE PLANTEAN COMPRAR EN PROPIEDAD.

INMOBILIARIA PESCADO APESTOSO

«CON UN NOMBRE TAN HORRIBLE, ¡TENEMOS QUE SER BUENOS!»

«LAS CASAS QUE ME QUEDAN POR ESE PRECIO SE ENCUENTRAN EN UN BARRIO CONOCIDO POR EL PINTORESCO NOMBRE DE "EL NIDO DE LA RATA".»

EL PARAÍSO DEL GÁNSTER

«¡OH, CIELOS!»

PARA LA AMANTE DE LOS GATOS

«EN REALIDAD, SEGÚN EL TESTAMENTO, LA CASA ES DE LOS GATOS. USTEDES SERÍAN SUS INQUILINOS.»

JUNTO A LA PLANTA DE PROCESADO

«EN CUANTO SE ACOSTUMBREN AL OLOR DE MANTECA DERRETIDA, SE PREGUNTARÁN CÓMO PUDIERON VIVIR SIN ÉL.»

LA CAZA CONTINÚA

HOMER Y MARGE BARAJAN INCLUSO LA POSIBILIDAD DE UNA CASA FLOTANTE...

«NO DEJEN DE VER LA COCINA. LOS CORMORANES SON AUTÉNTICOS.»

...PERO NO LES CONVENCEN LOS VECINOS.

AL FINAL ENCUENTRAN UNA CASA QUE ENCAJA A LA PERFECCIÓN.

«¡OH, HOMER, IMAGÍNATE LO QUE PODRÍAMOS HACER CON ESTA CASA!»

YA ES SOLO UNA CUESTIÓN DE AJUSTES FINANCIEROS.

AL VER QUE NO PUEDE DAR EL ADELANTO, HOMER RECURRE A SU PADRE.

«PAPÁ, NECESITO 15.000$ PARA UNA CASA.»

ABE DECIDE VENDER SU PROPIA CASA Y FIRMARLE UN CHEQUE A SU HIJO.

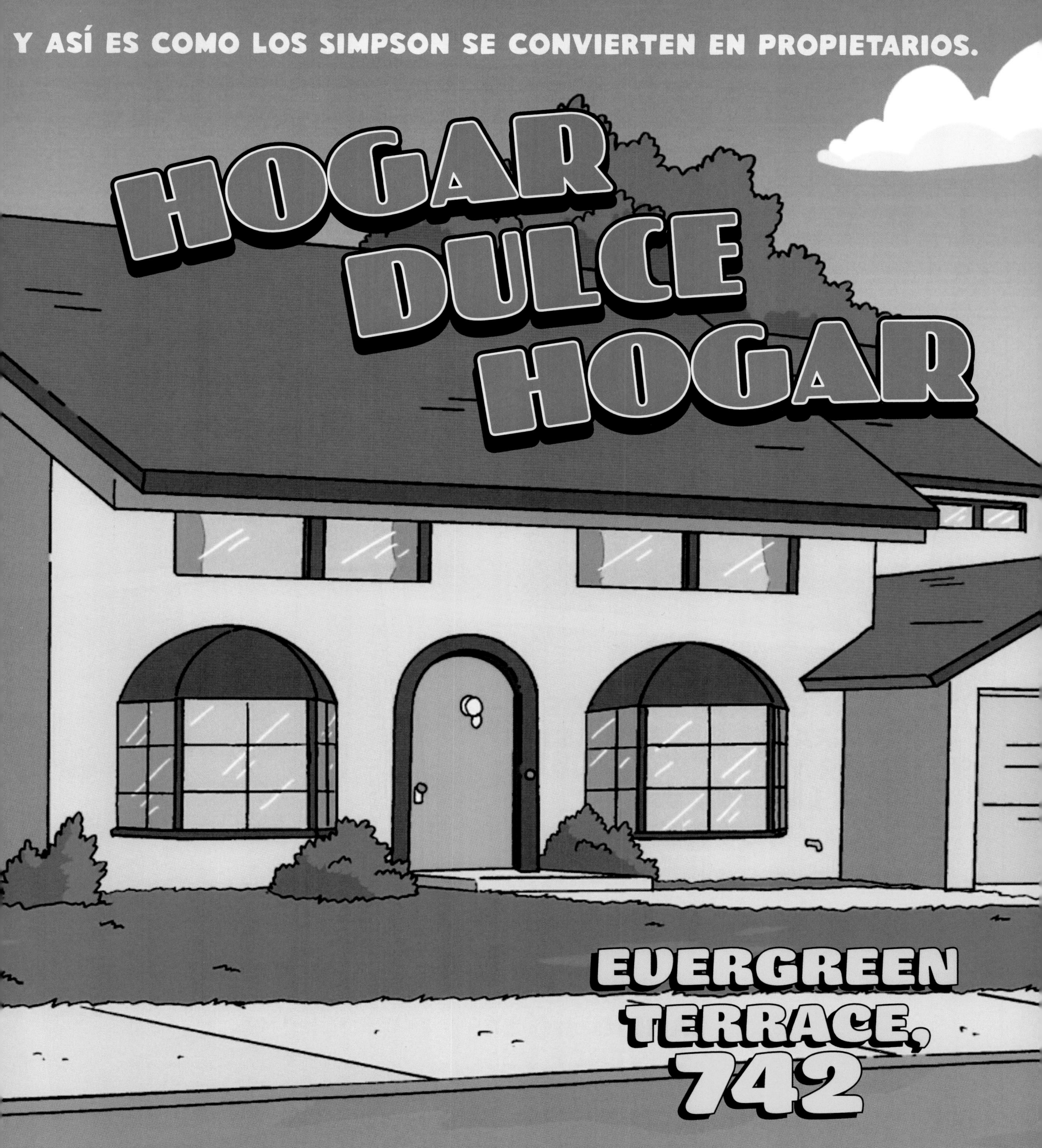
Y ASÍ ES COMO LOS SIMPSON SE CONVIERTEN EN PROPIETARIOS.
HOGAR DULCE HOGAR
EVERGREEN TERRACE, 742

CON GRANDES SUEÑOS (Y GRANDES BARRIGAS), HOMER Y MARGE SE MUDAN A LA CASA NUEVA.

A BART, EN CAMBIO, NO LE CONVENCE DEL TODO.

HONRARÁS AL VECINO

SU NUEVO VECINO, NED FLANDERS, NO TARDA EN HACERLES UNA VISITA.

«SI NECESITA CUALQUIER COSA, DÉ UN SILBIDITO.»

¿SABÍAS QUE...?

P: ¿QUÉ ES LO PRIMERO QUE HOMER LE PIDE PRESTADO A FLANDERS?

R: UNA BANDEJA PARA COMER VIENDO LA TELE.

LA MONA LISA
¿UNA SIMPSON DE MÁS?

LLEGA EL DÍA Y MARGE DA A LUZ A UNA NIÑITA SANA.

TODO EL MUNDO ENLOQUECE CON ESE REGALO DE LOS DIOSES.

A BART LE PREOCUPA QUE LE ROBE LA ATENCIÓN Y EL TIEMPO DE SUS PADRES...

...Y CON RAZÓN.

MARGE LLEVA A LOS NIÑOS A VER A SUS HERMANAS.

PATTY Y SELMA SE DESVIVEN CON LA NUEVA CRÍA.

¡CUIDADO: TÍAS!

PERO A LISA LA EXPERIENCIA LE PONE LOS VELLOS DE PUNTA.

«VOY A DARLE UN BESO.»

AUN ASÍ, CONSIGUE SOBREVIVIR.

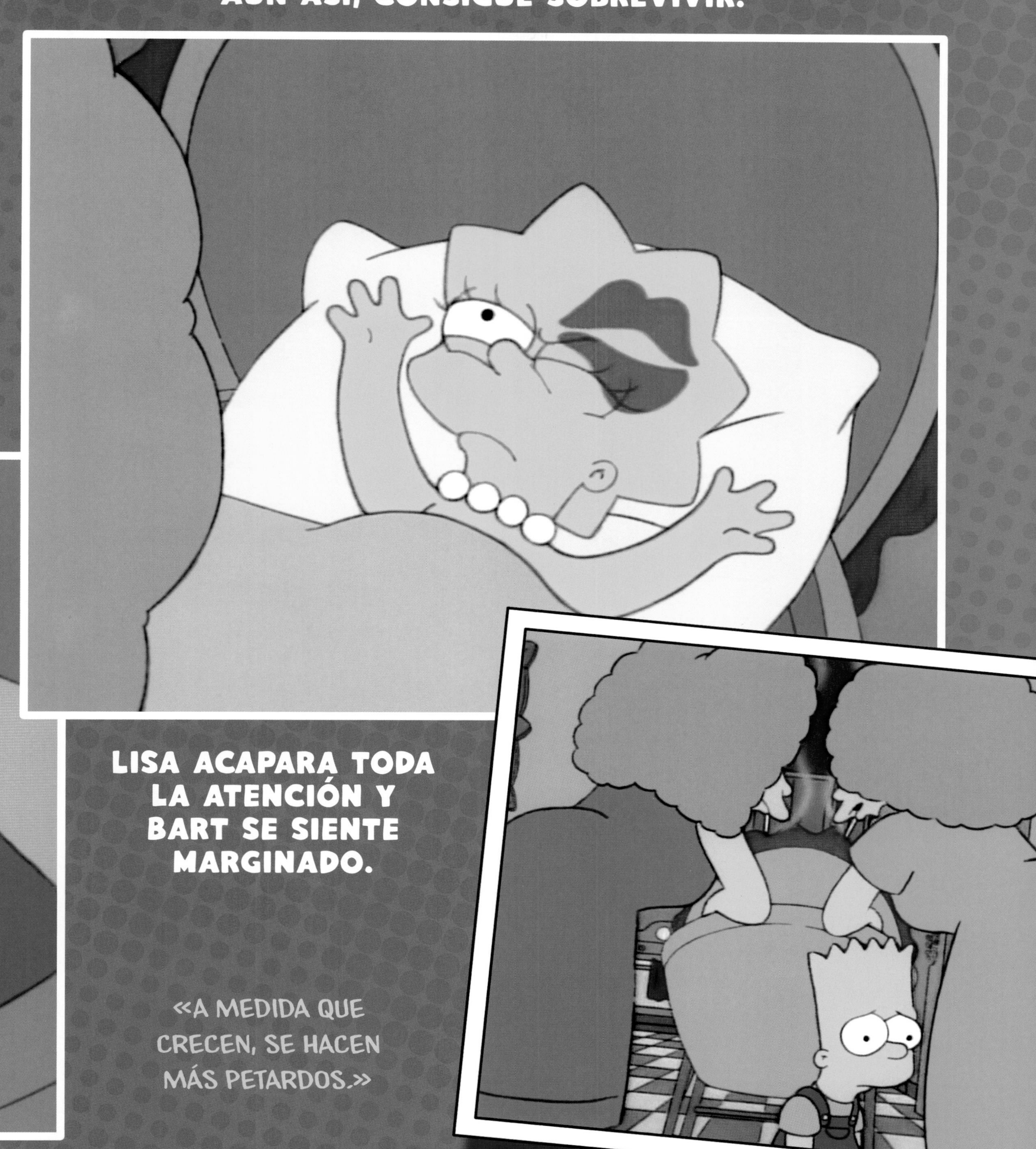

LISA ACAPARA TODA LA ATENCIÓN Y BART SE SIENTE MARGINADO.

«A MEDIDA QUE CRECEN, SE HACEN MÁS PETARDOS.»

TAL VEZ MUERAS SIN

BART SE NIEGA A CEDERLE LA CUNA A SU HERMANITA, DE MODO QUE HOMER PROMETE CONSTRUIRLE UNA CAMA PROPIA.

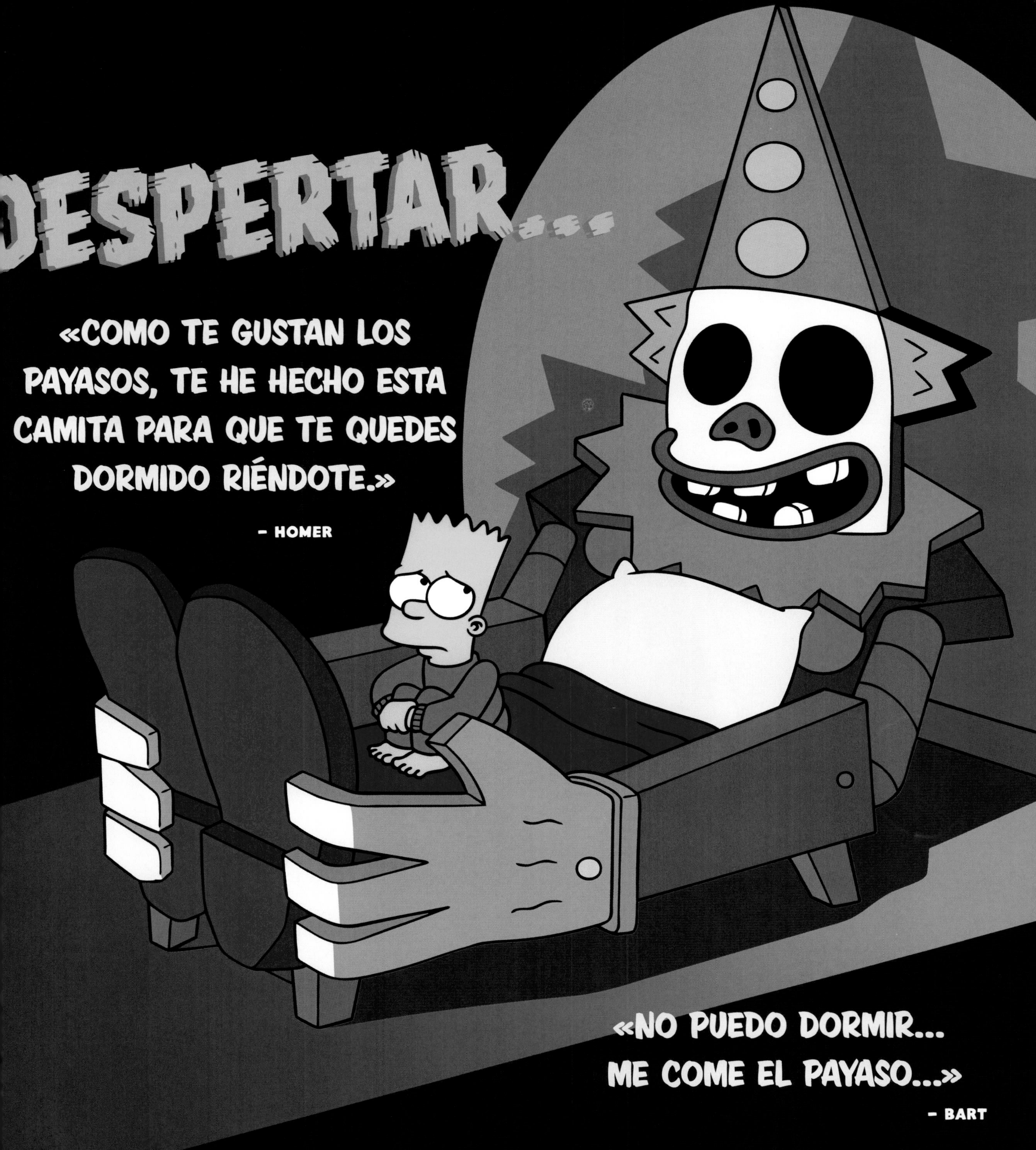
DESPERTAR...
«COMO TE GUSTAN LOS PAYASOS, TE HE HECHO ESTA CAMITA PARA QUE TE QUEDES DORMIDO RIÉNDOTE.»
- HOMER
«NO PUEDO DORMIR... ME COME EL PAYASO...»
- BART

HERMANO DE MALA LECHE
LISA SE ADAPTA AL RITMO DE SU NUEVO ENTORNO PERO BART DECIDE ENSEÑARLE A SU HERMANITA LO QUE VALE UN PEINE.
«A VER, ¿QUIÉN ES MÁS MONO AHORA?»

SUS PADRES LE ECHAN LA BRONCA A BART PERO LA PEQUEÑA LISA ESTÁ PRENDADA DE SU HERMANO MAYOR.

«LA CULPA FUE DE ESTA.»

ASÍ Y TODO, BART ESTÁ DECIDIDO A DESHACERSE DE LA PLASTA DE SU HERMANA.

MAIL

A PESAR DE LOS ESFUERZOS DE BART, LISA NO PIERDE LA SALUD.

«LISA ESTÁ PERFECTAMENTE. TIENES LOS REFLEJOS DE MADONNA, POR LO MENOS.»

NO SE PUEDE DECIR LO MISMO DE HOMER.

«HIJO, VETE AHORA MISMO A LA ESQUINA Y QUÉDATE AHÍ.»

QUIEN LA HACE, LA PAGA.

BART SE CONVIERTE EN UN MUEBLE MÁS O MENOS FIJO EN EL RINCÓN DEL «TIEMPO MUERTO».

CUANDO YA NO PUEDE MÁS, BART DECIDE FUGARSE.

«ME GUSTABA CUANDO SOLO ESTÁBAMOS MAMÁ, HOMER Y YO. TÚ LO HAS ESTROPEADO, ASÍ QUE ME MARCHO. ¡ADIÓS!»

INTENTA ESCAPAR DE CASA PERO NO PUEDE.

LA 1ª PALABRA DE LISA

AL COMPRENDER QUE SE HA EQUIVOCADO CON SU HERMANA, BART DECIDE SER EL MEJOR HERMANO DEL MUNDO.

UNA DECISIÓN QUE LE DURA UNOS 12 SEGUNDOS.

LA MÚSICA AMANSA A LAS FIERAS

ANTE TANTO ESTRÉS HOMER BUSCA DE NUEVO CONSUELO EN LA MÚSICA. FORMA UN CUARTETO VOCAL CON SUS AMIGOS, E INCLUSO SACAN UN PAR DE DISCOS.

«EL ROCK ESTABA YA ESTANCADO. "ACHY BREAKY HEART" NO SE EDITARÍA HASTA SIETE AÑOS DESPUÉS. ALGO TENÍA QUE LLENAR EL VACÍO Y, NATURALMENTE, FUIMOS LOS GRUPOS VOCALES.»

– HOMER

«¿QUÉ HAS DICHO?»

Y ENTONCES SE ABREN LAS COMPUERTAS...

¡BART! ¡BART! ¡BART!

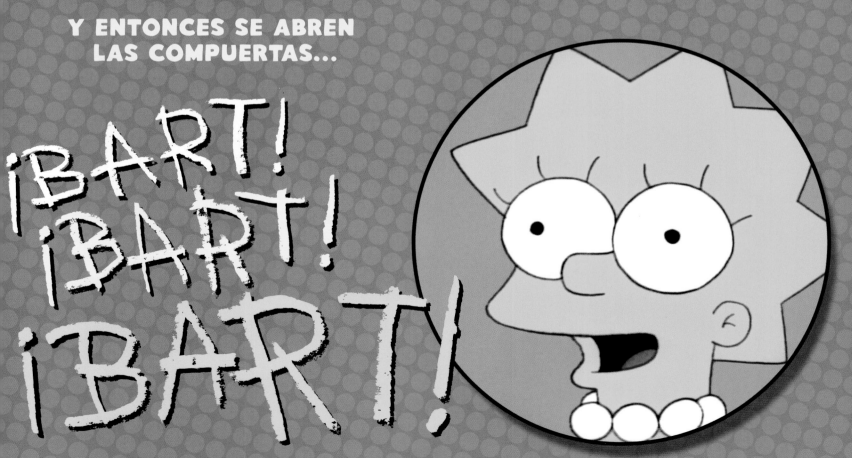

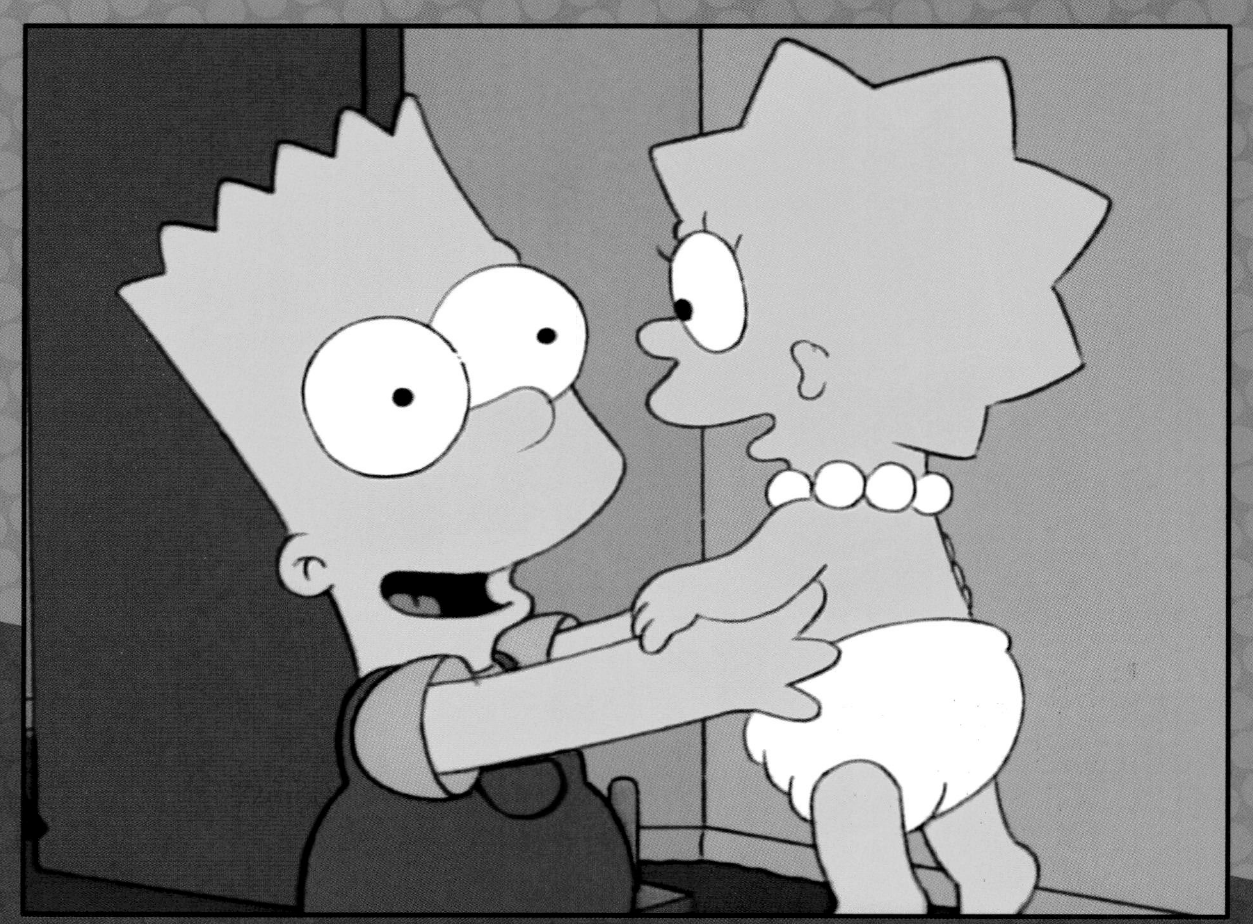

«¡AHÍ VA, QUÉ TÍA! ¡SABES HABLAR! ¡SOY TU PRIMERA PALABRA!»

«BUENO, NO ME SORPRENDE. ESTÁ LOCA POR SU HERMANITO. CREE QUE HAS PUESTO LA LUNA EN EL CIELO.»

¡APU!
¡BARNEY!
¡HOMER!
¡EL OTRO!

EN POCO TIEMPO LOS SOLFAMIDAS ARRASAN Y LOS LLAMAN PARA ACTUAR POR TODO EL PAÍS.

MARGE HACE LO QUE PUEDE PARA QUE BART Y LISA NO OLVIDEN A SU PADRE AUSENTE, PERO SUS ESFUERZOS CAEN EN SACO ROTO.

LA GIRA SIN TREGUA PRONTO PASA FACTURA A LOS MIEMBROS DE LA BANDA.

LOS ÁNIMOS SE CALDEAN Y SE INTERCAMBIAN PALABRAS FEAS.

«HOMER, ESTA ES PEOR QUE TU CANCIÓN SOBRE MR. T.»

– APU

CUANDO BARNEY EMPIEZA A SALIR CON UNA ARTISTA CONCEPTUAL JAPONESA, LAS COSAS EMPEORAN.

LA GOTA QUE COLMA EL VASO ES LA MENCIÓN DEL GRUPO EN EL NÚMERO ANUAL DE *US* DE «QUÉ SE LLEVA Y QUÉ NO».

«¿ESTAMOS DE MODA?»

– HOMER

«NO, NO LO ESTAMOS.»

– DIRECTOR SKINNER

LA BANDA SE SEPARA Y HOMER SE VE DE VUELTA EN LA CENTRAL NUCLEAR, DONDE APLICA LO APRENDIDO EN RESOLUCIÓN DE PROBLEMAS.

DESMONTAMOS

LAS ENTRADAS INFINITAS DE HOMER

PELO QUE CAE.

PELO QUE SE VA...

...QUE SE VA...

...¡QUE SE FUE!

ORGULLO DE MADRE

MARGE MANDA UNA FOTO DE LOS NIÑOS Y QUEDA ENCANTADA CUANDO LA ELIGEN COMO PORTADA DEL LISTÍN DE SPRINGFIELD.

«¿A QUE ES MONA? ¡Y TODA LA CIUDAD LA TENDRÁ EN SU CASA!»

– MARGE

NO, ¡NO HAY NADA DE QUÉ AVERGONZARSE!

LIBERTAD ECONÓMICA

TRAS OCHO AÑOS EN LA CENTRAL NUCLEAR HOMER POR FIN HA GANADO LO SUFICIENTE PARA PAGAR SUS DEUDAS.

«CON ESTE BENDITO TALÓN, LIQUIDARÉ DEFINITIVAMENTE MIS DEUDAS.»

18

FIN
LETRAS

25

¡YUUJUU!

«Y UNA VEZ PAGADAS MIS LETRAS, ADIÓS A ESTE EMPLEO TAN CUTRE.»

SE DESPIDE DE SUS COLEGAS Y PASA A LA SIGUIENTE FASE...

FASE 1

PONER VERDE AL JEFE

«¿ME HA OÍDO? HE DICHO: ME LARGO, MONTY.»

COMO SE VA PARA SIEMPRE HOMER DECIDE QUE PUEDE HACER LO QUE LE VENGA EN GANA.

«¿QUÉ ESTÁ HACIENDO? ¡DETÉNGASE INMEDIATAMENTE!»

«¡SENTIRÍA HABERLE DISGUSTADO DEMASIADO, COCOBONGO!»

COMO USAR LA CABEZA DE BURNS A MODO DE BONGO.

«DEBERÍA RESISTIRME, PERO ME PARALIZA ESTE RITMO CARIBEÑO... Y LA IRA.»

UN HOMER RISUEÑO DEJA LA CENTRAL QUEMANDO LITERALMENTE TODOS LOS PUENTES TRAS ÉL.

FASE 2

HOMER NO TARDA EN PERSEGUIR SU

TRABAJO S

COMO SU SOCIO BARNEY YA TRABAJA ALLÍ, HOMER LE PIDE QUE HAGA DE INTERMEDIARIO.

«EH, TÍO AL. ¿TIENES TRABAJO PARA HOMER?»

ÑADO EN EL PARAÍSO.

EL PARAÍSO DE LA PISTA DE BOLOS, CLARO.

«CLARO.»

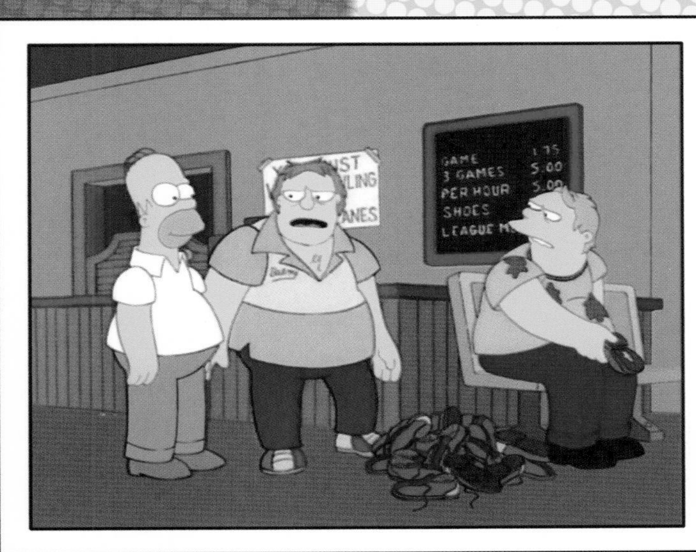

«BARNEY, A LA CALLE.»

CITA NOCTURNA

PARA CELEBRAR EL NUEVO EMPLEO, HOMER INVITA A MARGE A UNA CENA ROMÁNTICA CON BAILE...

...QUE CONSISTE EN EL AUTOSERVICIO DEL KRUSTY BURGER Y LA RADIO DEL COCHE. EL SALARIO DE RECOGEBOLOS NO LE PERMITE MUCHO MÁS.

DAN UN PASEO POR LA PLAYA...

...DONDE LA COSA SE PONE ROMÁNTICA.

DE VUELTA A CASA, HOMER LE CUENTA SUS DESEOS PARA EL FUTURO.

«AL FIN NUESTRAS VIDAS GOZAN DE UN EQUILIBRIO PERFECTO. OJALÁ TODO SIGA EXACTAMENTE IGUAL SIEMPRE.»

Mi padre EL RECOGEBOLOS

HOMER EMPIEZA SU NUEVA CARRERA EN LA BOWLARAMA Y PRONTO DOMINA TODAS SUS NUEVAS TAREAS.

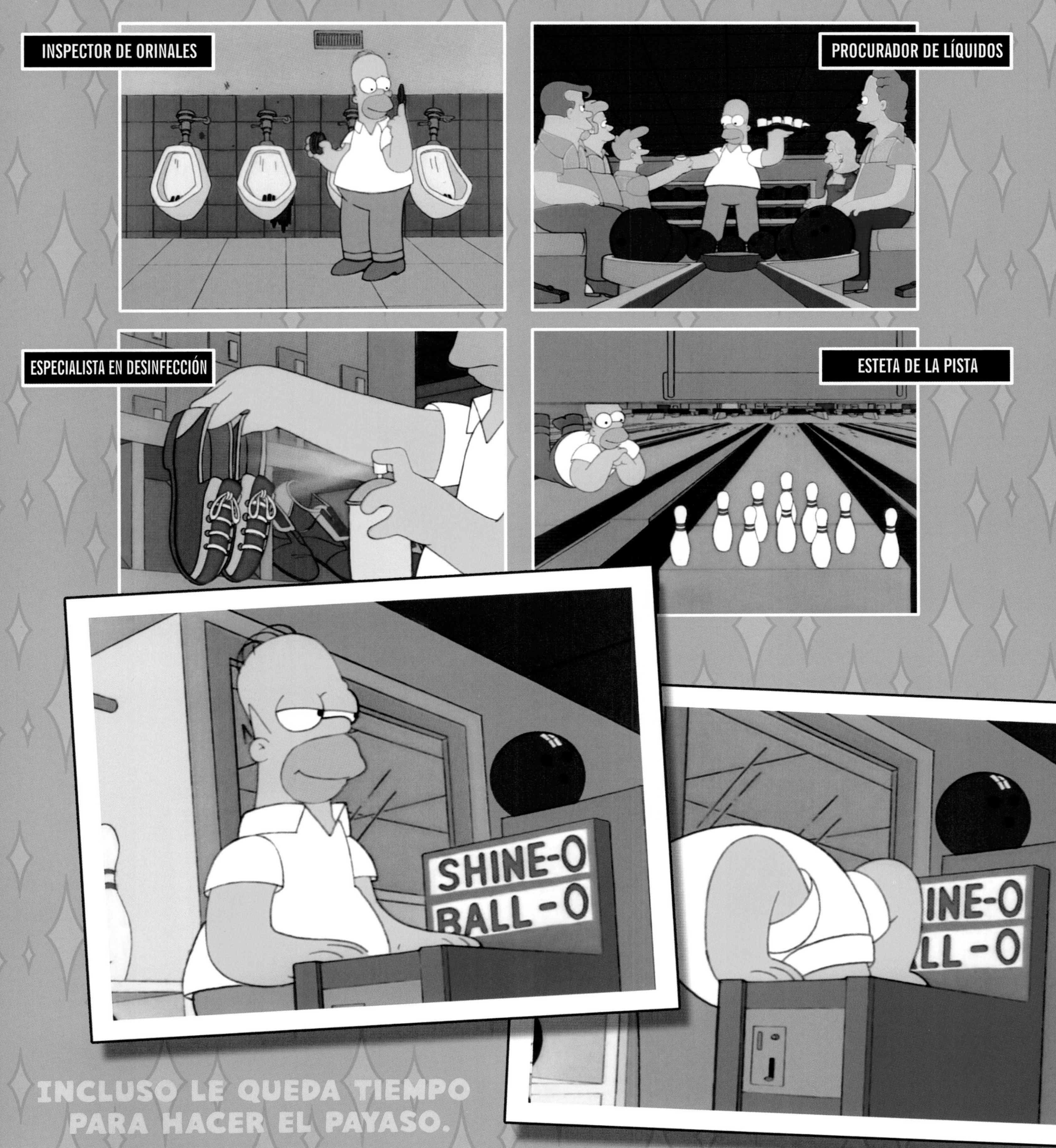

INCLUSO LE QUEDA TIEMPO PARA HACER EL PAYASO.

El hombre propone...

«¡EH! ¡TE CUELAS EN EL BAÑO Y YO NECESITO LAVARME LA CABEZA!»

AL CABO DE UNAS SEMANAS, LAS COSAS PARECEN CAMBIAR.

UNA MARGE PREOCUPADA VA A VER AL DR. HIBBERT.

«ENHORABUENA, SRA. SIMPSON. ESTÁ EMBARAZADA.»

A MARGE LE HACE ILUSIÓN CONTARLE A BART Y A LISA LO DE SU INMINENTE HERMANITA...

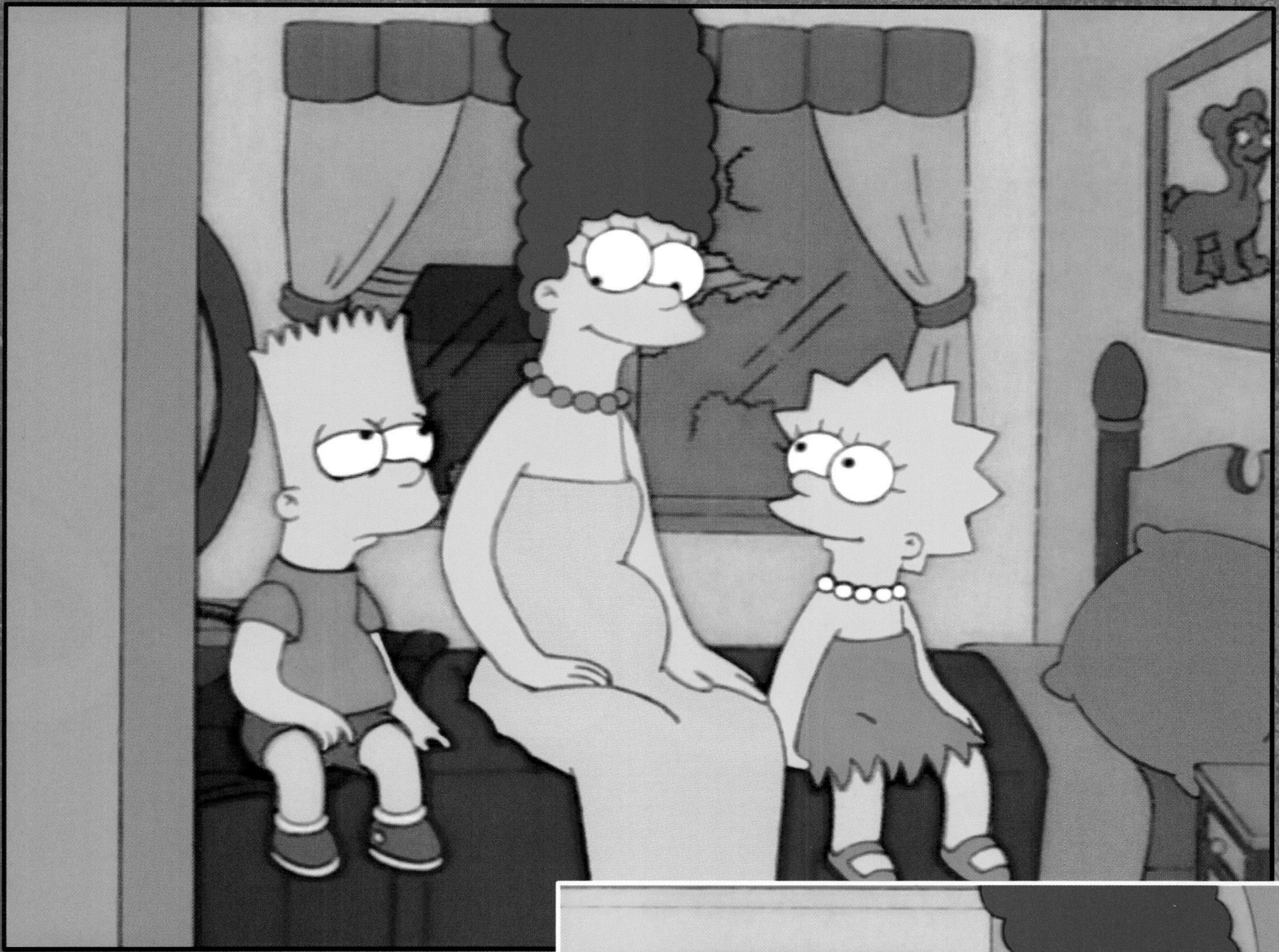

«YO YA HE VIVIDO ESO.»

– BART

...PERO LE PREOCUPA LA REACCIÓN DE HOMER.

DECIR LA VERDAD Y TODA LA VERDAD

EL SECRETO SE REVELA CUANDO HOMER IRRUMPE EN EL BABY SHOWER IMPROVISADO DE MARGE.

«¿QUÉ SIGNIFICA ESTO? ¿ESTÁS EMBARAZADA?»

OOOOOO!!!

HOMER ENTRA EN MODO PÁNICO CADA VEZ QUE PIENSA EN ALIMENTAR OTRA BOCA.

«¡TODOS NUESTROS PLANES FINANCIEROS AL TRASTE! ¡PERDIDOS, ESTAMOS PERDIDOS!»

HOMER COMPRENDE QUE LA ÚNICA FORMA DE QUEDARSE EN LA BOLERA ES INCREMENTAR LOS BENEFICIOS PARA CONSEGUIR UN AUMENTO.

VUELCA TODAS SUS ENERGÍAS EN TRIPLICAR EL NEGOCIO.

TRAS HORAS DE TRABAJO POR FIN DA CON UN PLAN MAGISTRAL.

POR DESGRACIA, SU PLAN DE MARKETING CONSISTE SOLO EN DISPARAR AL AIRE Y EN UN USO INSENSATO DE LAS ARMAS.

«¡BOLOS! ¡BOLOS! ¡VENGAN A LA BOLERA! ¡JUEGUEN A LOS BOLOS! ¿¡QUIÉN SE APUNTA!? ¡VENGA!» – HOMER

HUELGA DECIR QUE EL PLAN NO SALE COMO ESPERABA. AUNQUE ATRAE A UN NÚMERO RÉCORD DE AGENTES DEL ORDEN Y BOMBEROS, POCOS SE QUEDAN A JUGAR.

CON EL FRACASO TOTAL DE SU PLAN Y UNOS CARGOS POLICIALES ELUDIDOS POR LOS PELOS, HOMER SE RETIRA A LAS PISTAS PARA UN ÚLTIMO VISTAZO ANTES DE DEJAR EL TRABAJO DE SU VIDA.

«TRABAJABAS MUY BIEN, HOMER, Y TE VOY A ECHAR DE MENOS. ESTO NUNCA ESTUVO MÁS LIMPIO Y SUPISTE MANTENER A RAYA A LOS JÓVENES... ERAS MAGNÍFICO.»

«HEMOS HECHO UNA COLECTA Y TE HEMOS COMPRADO UN REGALITO DE DESPEDIDA.»

HOMER NECESITA MÁS DINERO PARA MANTENER A SU FAMILIA EN AUMENTO, DE MODO QUE DEJA LA BOWLARAMA Y SE DIRIGE AL ÚNICO SITIO DEL PUEBLO DONDE UN TIPO COMO ÉL PUEDE GANAR EL SUELDO NECESARIO...

...LA CENTRAL NUCLEAR DE SPRINGFIELD.

(ENTRA MÚSICA DRAMÁTICA)

SUPLICANTES

SE TRAGA SU ORGULLO Y VUELVE PARA SUPLICARLE A BURNS QUE LE DEVUELVA SU ANTIGUO PUESTO.

«DE MODO QUE HA VUELTO DE RODILLAS, ¿EH?»

«¿NO CREE QUE SERÍA MÁS ELEGANTE PASAR POR ALTO ESE DETALLE?»

EL SR. BURNS LE DEVUELVE EL PUESTO CON UNA CONDICIÓN...

«COMO CASTIGO A UNA DESERCIÓN, LA EMPRESA TIENE COMO NORMA ENTREGAR LA PLAGA.»

– SR. BURNS

«EM, SEÑOR... ES LA PLACA.»

– SR. SMITHERS

PARA ACABAR CON LO QUE LE QUEDA DE MORAL, OBLIGA A HOMER A PASAR EL DÍA MIRANDO LA PLACA ESPECIAL DE DESMOTIVACIÓN QUE MANDA INSTALAR.

DON'T FORGET:
YOU'RE HERE
FOREVER.*
CORE TEMP

* NO LO OLVIDE: ESTÁ AQUÍ PARA SIEMPRE.

Y CON MAGGIE, TRES

HOSPITAL GENERAL DE SPRINGFIELD

«SI UN CIRUJANO LE DEJA ALGO DENTRO, ¡TODO SUYO!»

EL DÍA DEL PARTO HOMER INTENTA GUARDAR LAS APARIENCIAS PERO NO PONE EL CORAZÓN EN ELLO.

«ES MARAVILLOSO. ES MÁGICO. YA SE APROXIMA OTRA BOCA MÁS...»

CUANDO EL MÉDICO DA EL VISTO BUENO AL BEBÉ, HOMER LEVANTA EL PULGAR A REGAÑADIENTES.

«HOMIE, CREO QUE ALGUIEN TE ESTÁ DICIENDO HOLA.»

Y AL INSTANTE SE VUELVE LOCO DE AMOR POR MAGGIE.

«¡OH, MARGE! HEMOS TENIDO UNA PRECIOSA NENITA. Y QUÉ NENITA, ES LA NIÑA MÁS LINDA DE TODO EL MUNDO.»

PUEDE QUE HOMER ESTÉ ENCERRADO EN LA CENTRAL NUCLEAR PARA EL RESTO DE SUS DÍAS, PERO MAGGIE ESTÁ CON ÉL A CADA PASO DEL CAMINO.

DO IT FOR HER*
* HAZLO POR ELLA.

LA ÚLTIMA PIEZA DEL PUZZLE

HOMER LLEVA A BART AL CANÓDROMO EN UN ESFUERZO DESESPERADO POR GANAR DINERO PARA LOS REGALOS NAVIDEÑOS.

LO APUESTA TODO 99 A 1, POR UN PERDEDOR LLAMADO AYUDANTE DE SANTA CLAUS. EL PERRO LLEGA EL ÚLTIMO.

«¡LARGO! ¡NO TE QUIERO VER! ¡FUERA! ¡HAS LLEGADO EL ÚLTIMO POR ÚLTIMA VEZ!»

HOMER ACEPTA A REGAÑADIENTES ADOPTAR AL CHUCHO DESAHUCIADO.

«¡EH, MIRAD! ¡UN REGALO DE NAVIDAD!»

TODOS ESTÁN ENCANTADOS CON EL REGALO DE HOMER, Y POR FIN LA FAMILIA SIMPSON ESTÁ AL COMPLETO.

¡CURIOSIDADES FAMILIARES!

HERMANOS SECRETOS

EN CIERTA OCASIÓN UNA FERIANTE SEDUJO A ABE SIMPSON CON EL JUEGO DE «TIRA AL PAYASO». AL CABO DEL AÑO VOLVIÓ CON UN BEBÉ BAJO EL BRAZO.

«ELLA HIZO COSAS QUE TU MADRE JAMÁS HUBIERA HECHO... COMO ACOSTARSE POR DINERO.»

– ABE

DEJÓ AL CRÍO EN EL ORFANATO DE SPRINGFIELD DONDE MÁS TARDE LO ADOPTARON. CRECIÓ Y SE CONVIRTIÓ EN...

HERB POWELL

INVENTOR MILLONARIO Y MAGNATE AUTOMOVILÍSTICO

EN SUS DIAS EN EL EJERCITO ABE CORTEJÓ A UNA LUGAREÑA CUANDO ESTABA DESTACADO EN INGLATERRA.

«EDWINA, MI CAPULLO DE LENTO FLORECER. NOS EVACUAN POR LA MAÑANA. HAZ QUE ESTA NOCHE SEA MEMORABLE.»

MUCHAS DÉCADAS DESPUÉS HOMER CONOCE EL RESULTADO DE AQUEL CALENTÓN.

«¡SEÑORA, ES USTED PRECIOSA! ¡A SU LADO, CUALQUIER MUJER PARECE UN TÍO!»

NO ES FÁCIL SER HOMER

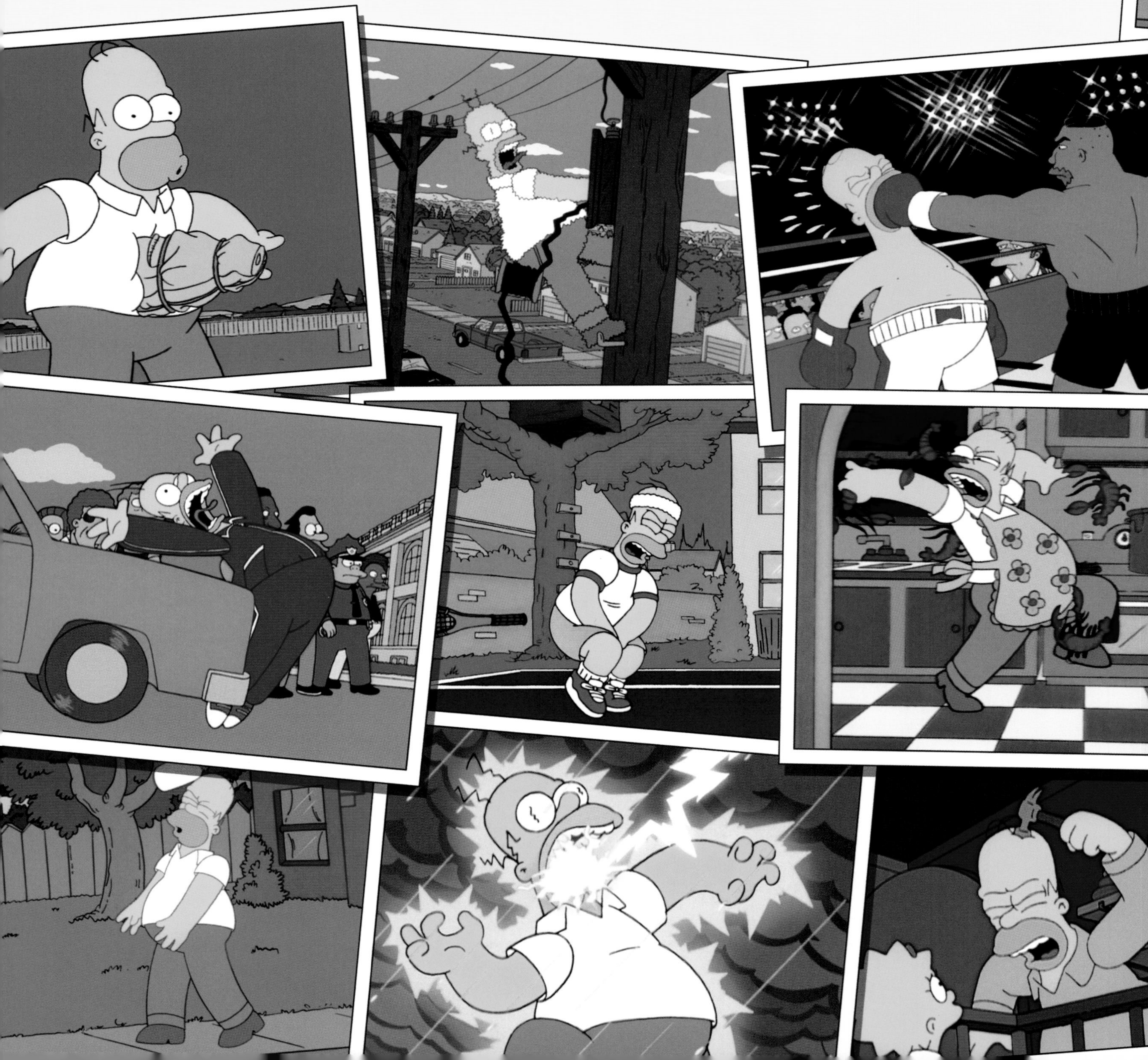

CIGARETTES

MISTERIOS
El

RESOLVER DE SPRINGFIELD

¿QUIÉN ES ?

BARTO

¿ES
UN VÁNDALO O
UN VAN GOGH? SE
SABE POCO SOBRE ESTE
MISTERIOSO ARTISTA
CALLEJERO, PERO SUS OBRAS
SE ENCUENTRAN EN MUCHOS
HITOS TURÍSTICOS DE LA
CIUDAD, DEL CALLEJÓN
TRASERO DE LA BOWLARAMA
DE BARNEY A LA SALIDA
DE EMERGENCIA DEL
CINE AZTECA.

LAS MUCHAS OCUP

GANADOR DE GRAMMYS

EL ELEGIDO

SALAMANDRA VIAL

PREGONERO

CIONES DE HOMER

PAPARAZZI

SANTA CLAUS TEMPORERO

RECLUTA ¡JO!

FAN DE LOS VILLAGE PEOPLE

AÚN MÁS LAS MUCHAS OCU

VENDEDOR DE POLOS

AGENTE ENCUBIERTO

BOMBERO (NO SEXY)

GURÚ ESPIRITUAL

ACIONES DE HOMER

PROBADOR DE SABORES

EJECUTIVO AGRESIVO

SU MAJESTAD

RECREADOR DE LA GUERRA CIVIL

SE HA ESCRITO UNA SERIE

AL DARSE CUENTA DE QUE NUNCA HA VISTO A NADIE COMO ÉL EN TELEVISIÓN, HOMER PRUEBA A ESCRIBIR UN PROGRAMA. CREA UNA SERIE MÁS REALISTA Y LA BASA EN SU FAMILIA...

«LAS FAMILIAS DE LA TELE SOLO SE ABRAZAN Y RESUELVEN CONFLICTOS. ¡A LA PORRA CON ESO!»

...CON LA QUE CONFORMA EL REPARTO.

«ESPERO QUE NO LO HAYAN PROBADO EN ANIMALES.»

COMO GUIONISTA, PRODUCTOR, DIRECTOR Y ESTRELLA, HOMER FILMA UN VÍDEO CASERO DE BAJO COSTE.

CON EL PILOTO DE CINCO MINUTOS BAJO EL BRAZO, EL ASPIRANTE A FELLINI DA EL SIGUIENTE PASO...

LA VIDA EN SERIE

...Y SE VA A HOLLYWOOD CON SU IDEA, DONDE LA CADENA FOX SE LA COMPRA EN EL ACTO.

HOMER FIRMA UN CONTRATO POR TRECE CAPÍTULOS, Y AL POCO TIEMPO SE EMPIEZA A RODAR.

LA CADENA CAPTA LA QUÍMICA MUNDANA QUE DESTILAN LOS SIMPSON Y CONTRATA AL RESTO DE LA FAMILIA PARA LA NUEVA SERIE.

«PAPÁ, YO NO HE DICHO "FABULOSO" EN LA VIDA. TU GUION ES UN ASCO.»

- BART

DAILY VARIETY

FIEBRE AMARILLA

The Hollywood Reporter

¡PRESUNTUOSA PROLE TRIUNFANT

EN CUANTO SE EMITE EL PRIMER CAPÍTULO TODO EL MUNDO COMPRENDE QUE LA SERIE DE LOS SIMPSON SERÁ UN EXITAZO...

...Y LO DEMÁS ES HISTORIA.